HILAL SEZGIN

NICHTSTUN IST KEINE LÖSUNG

Hilal Sezgin

NICHTSTUN IST KEINE LÖSUNG

Politische Verantwortung in Zeiten des Umbruchs

DUMONT

Erste Auflage
© 2017 DuMont Buchverlag, Köln
Alle Rechte vorbehalten
Umschlaggestaltung: Lübbeke Naumann Thoben, Köln
Satz: Fagott, Ffm
Gesetzt aus der Alte Haas und der Berling
Druck und Verarbeitung: CPI books GmbH, Leck
Gedruckt auf säurefreiem und chlorfrei gebleichtem Papier
Printed in Germany
ISBN 978-3-8321-9881-7

www.dumont-buchverlag.de

Für Jana, CF und Henri

INHALT

Einleitung 9

1 Kleine Parade vertrauter Einwände 15
2 Reservoire des Guten 39
3 Ein Ende der Externalisierungen 65
4 Ethik als Verbundenheit 97
5 Kontra und pro Idealismus 125

Anmerkungen 153

EINLEITUNG

Eigentlich will niemand ein Arschloch sein, aber das Gutsein steht auch ziemlich in Verruf. Das zeigt sich schon daran, dass der »gute Mensch«, der ja eigentlich ein beliebter Zeitgenosse sein müsste, in der verkürzten Form »Gutmensch« als Schimpfwort herhalten muss.

»Eine Gesellschaft, in der ›behindert‹, ›schwul‹ und ›Gutmensch‹ als Schimpfwörter funktionieren, hat ein Problem«, so brachte es die Straßenkünstlerin Barbara schon früh auf den Punkt. Weitere berechtigte Kritik aus weiteren klugen Mündern folgte. Dennoch kam das Schimpfwort »Gutmensch« so sehr in Mode, dass es im Jahr 2015 zum Unwort des Jahres gewählt wurde – von mutmaßlichen Gutmenschen, denen es dennoch nicht gelang, die Spötter damit abzuschütteln.

Dabei hatte sich ausgerechnet in jenem Jahr ein so hoher Prozentsatz von Deutschen gut (oder sollen wir sagen: gütig?) für Mitmenschen eingesetzt, die aus Kriegs- und Krisengebieten geflohen waren, wie möglicherweise noch nie, jedenfalls nicht seit Nationengedenken. Viele Bürger*innen[1] verspürten erstmals in ihrem

Leben einen zarten Stolz auf ihr Land, haben starke und größtenteils positive Erinnerungen mitgenommen. Buchstäblich Millionen Menschen in Deutschland haben also gerade in jüngster Zeit sehr gute Erfahrungen mit dem Gut-Sein gemacht.[2]

Doch solche läppischen empirischen Gegenargumente halten den Spott über die Gutmenschen natürlich nicht auf! Der Kampfbegriff Gutmensch ist ein begnadeter Miesmacher, der desto stärker in Fahrt kommt, je ungeschützter sich andere der Idee öffnen, gemeinsam etwas Zukunftsweisendes auf die Beine zu stellen. Die Gutmenschen-Verachtung nährt sich von derartigen Paradoxien und droht wohlwollenden Menschen inzwischen fast überall – von anderen, die selbst auch nicht als Arschloch gelten wollen.

Zugegeben, ich habe durchaus darüber nachgedacht, ob ich diesen Ausdruck hier verwenden darf, noch dazu zwei Mal. Aber wir sind ja nicht im Zaubererinternat Hogwarts, wo der Name des Schurken Lord Voldemort peinlichst vermieden werden muss, um weiteres Unheil zu verhindern. Und die Frage drängt sich auf, was denn eigentlich die angestrebte Alternative desjenigen ist, der kein Gutmensch sein will – ein regelrechter »Bösewicht« etwa? Oder einfach ein ahnungsloser »Idiot«, dem alles egal ist?

Angesichts der Tatsache, dass sich die meisten von uns den lieben langen Tag abstrampeln, um von ihren Mitmenschen als halbwegs kompetent und verlässlich geachtet zu werden, ist dies eigentlich nicht anzunehmen. Wie konnte es trotzdem dazu kommen, dass sich ein derart unsympathisches Wort einen festen Platz in Feuilletonessays und öffentlichen Debatten sichern konnte und all diejenigen, die Gutes getan, erwogen oder empfohlen haben, damit rechnen müssen, genau deswegen beschimpft zu werden?

Solange alle vor dem Computer sitzen und via Internet die Erfolge der Trumpisten und Rechtspopulisten verfolgen, herrscht noch relativ viel Einigkeit im Entsetzen. Wer allerdings wagt, etwas Besseres zu skizzieren, bekommt als Gutmensch eins auf die Mütze. Und kaum macht jemand Anstalten, etwas Gutes zu initiieren, so findet er oder sie sich sogleich von einer Handvoll Leuten umringt, die eilfertig Entmutigung anbieten. Ob es um Protestbriefe gegen Waffenexporte, um die Rettung einer Kuh vorm Schlachter oder um eine WG-Gründung mit Geflüchteten geht – es fallen Sätze wie: »Das geht doch nicht«, alternativ: »Das wird nicht lange gut gehen«; »Was bist du nur für ein ewiger Weltverbesserer!« Wer den Wert der Wahrheit oder der offenen, toleranten Gesellschaft hochhält, ja wer überhaupt nur darauf beharrt, dass Menschen mittels friedlichem, verständigungsorientiertem Reden besser zusammenleben können als mit Gebrüll und Repression, bekommt zu hören, das sei doch »naiv«. – Ach so! Und zu glauben, wir könnten weiterwurschteln wie bisher, trotz Putin, Trump, Neonazis und Erderwärmung – das ist etwa nicht naiv?

All die oben genannten Einwände und Vorwürfe gehören zum Cluster des Gutmensch-Bashings. Und so haben wir zwischen uns und das Gute in den letzten Jahren ein so dichtes Netz aus Fallstricken und Hindernissen gespannt, dass es bereits ans Selbstzerstörerische grenzt. Denn Hand aufs Herz: Wir brauchen eher mehr Gut-Sein als weniger. Den Zeitgenossen habe ich in den letzten, sagen wir: zwei Jahren nicht getroffen, der von den aktuellen Weltläufen nicht aufs Ärgste irritiert war. Von Brexit und Trump und dieser Vertusch- und Schredder-Chose, die sich »NSU-Skandal« nennt. Hin- und hergerissen zwischen dem Entsetzen, das die Bilder von in Aleppo erschossenen oder im Mittelmeer ertrunkenen Kindern auslösen, und dem Wunsch, einfach nicht hinzuschauen, ja am liebsten einige Zeit lang gar keine Nachrichten mehr zu verfolgen. – »Ach, Welt, du machst einen ja derzeit so fertig, dreh dich doch ein paar Runden ohne mich weiter!« Das Marschieren der Nazis in Ungarn und anderswo scheint anachronistisch und ist doch höchst real; ein Zeithistoriker nach dem anderen warnt vor der Wiederkehr dessen, was doch gewiss nie wiederkehren würde; der Begriff »Faschismus«, der jahrzehntelang bloß ein Schimpfwort im Munde junger Linker war, ist als Gegenstand nüchterner Analyse in die Zeitungen zurückgekehrt. Die Aufs und Abs des Kapitalismus sind, um es vorsichtig auszudrücken, komplex; kaum jemand könnte einem Kind in wenigen Sätzen korrekt erklären, was eine Bank mit Geld anstellt; und an fast allem, was wir mit diesem Geld kaufen können, um uns zu »belohnen«, klebt Blut – oder jedenfalls Armut, Schweiß und Tränen. »Neulich habe ich mir zwei Schlafanzüge gekauft«, erzählte mir jüngst ein Kollege, den ich bis dahin als eher unempathisch und nüchtern wahrgenommen hatte. »Dann las ich auf dem Schild: *Made in Sri Lanka*. Ich musste an unterbezahlte Näherinnen denken und habe sie angewidert zurückgebracht.«

Wer inmitten dieser Mischung von Chaos, Leid und Überkomplexität glücklich leben kann, dem sei es gegönnt – aber ich bin skeptisch. Denn die meisten von uns sehnen sich, auch wenn sie nicht in einem Kriegsgebiet leben, nach mehr Frieden. Angesichts all der Kriege und der Wahlsiege der Rechten, die sich ausbreiten wie ein Flächenbrand, müssen wir allmählich der simplen Wahrheit ins Gesicht schauen: Wenn wir das Gute nicht tun, wird das

Schlechte überhandnehmen und uns in den Abgrund reißen. So einfach ist es. Wir müssen also herausfinden, warum das Gute gegenwärtig einen so schlechten Leumund hat und warum es so viele Menschen verunsichert (auch solche, die nicht unbedingt das »Böse« verehren). Wir brauchen ein Verständnis des Guten, das uns nicht abschreckt; müssen den Stimmen nachgehen, die uns vorgaukeln, wenn wir das Gute nicht täten, ginge es uns besser; und uns gestatten, uns wenigstens kurz einmal auszumalen, was entstehen könnte, wenn wir nicht mehr auf sie hören würden.

Nun weiß natürlich jeder, der politisch aktiv oder zumindest interessiert ist, dass die Menge von Leid und Unrecht die Handlungsmöglichkeiten jedes Einzelnen von uns unendlich übersteigt. Spätestens seit Obamas doppelter Amtszeit wissen wir, dass es nicht einmal helfen würde, »König der Welt« zu sein; wenn sich alle anderen querlegen, kann man die Weichen nicht gänzlich neu stellen. Ich denke aber, dass es dennoch Akte des Guten und kleine Inseln friedlichen Zusammenlebens gibt, die wir wie Trittsteine verlegen können, wo der Boden unter unseren Füßen Sumpf ist und schwankt.

Wir können nicht alles auf einmal pflastern. Wir mögen nicht absehen können, wohin die Reise insgesamt geht. Aber gemeinsam können wir genügend Steine legen, um in Sicherheit die nächsten Schritte zu gehen. Warum wir davor nicht zurückschrecken sollten, davon handelt dieses Buch.

1

KLEINE PARADE VERTRAUTER EINWÄNDE

Ich habe bereits ein paarmal das Wort »wir« verwendet, als ob selbstverständlich wäre, wer damit gemeint ist. Manche Leute stören sich an einem solchen »Wir«, weil es vereinnahmend klinge und so tue, als säßen »wir« alle in einem Boot.

Nun, aber genau in dieser Situation befinden wir uns. Wir sind nicht freiwillig eingestiegen, die anderen Passagiere haben wir uns auch nicht ausgesucht, aber nun sitzen wir drin. Wir menschlichen Erdenbewohner zum Beispiel müssen irgendwie mit den Ressourcen wie Luft, Wasser und Boden auskommen, die dieser Planet bietet. Die Reicheren können sich ein wenig Extra-Lebensspanne mit Reservaten, Bunkern oder Anteilen an einer Marsstation sichern; aber auf absehbare Zeit wird sich die Frage stellen, ob wir als Spezies es schaffen, den Planeten so zu erhalten, dass er unserer Spezies Lebensraum bietet.

Wenn ich allerdings vom Gutmenschen-Bashing spreche, meine ich ein viel kleineres »Wir«. Ich meine diejenigen, die heute in der deutschen Gesellschaft oder in Westeuropa leben oder dort zumindest längere Zeit sozialisiert wurden und die die hiesige

Berichterstattung und politische Diskussion verfolgen – und sei es nur durch Überschriften auf Facebook. Auf diese Weise haben wir einen gemeinsamen Resonanzraum entwickelt und kennen, aktiv oder passiv, bestimmte Argumente, Bilder, Ereignisse und Zitate.

Wir also haben in den letzten Jahren ein gewaltiges Repertoire an Einwänden gegen Gut-Sein und Moral aufgebaut, die uns sofort in den Sinn kommen, wenn wir selbst oder jemand anders etwas, wie man in früheren Jahren noch ambivalent sagte, »Idealistisches« tut oder äußert. Dabei ergeht es uns ähnlich wie diesen bedauernswerten von Pawlow konditionierten Hunden. Pawlows Hunde mussten speicheln, und uns Zeitgenossen des noch relativ jungen 21. Jahrhunderts kommt der Geifer.

Wir fahren harte Geschütze gegen das Gute auf, nicht nur, wenn jemand tatsächlich etwas tut, sondern bereits, sobald jemand etwas nur vorschlägt, formuliert, hofft oder träumt. Nicht erst Taten, bereits Ideen werden unter den Verdacht gestellt, typisch Gutmensch oder »naiv« zu sein.

Als zum Beispiel Carolin Emcke im vergangenen Jahr den Friedenspreis des Deutschen Buchhandels erhielt, hatte sie gerade ein Buch gegen den (im Internet und sonstwo grassierenden) Hass geschrieben und plädierte in ihrer Rede für offene, faire Diskussionen. Dagegen kann nun wirklich niemand etwas haben, hätte man meinen können; aber es gab Kritiker, die befanden sie für zu soft, zu anständig, zu betroffen. Man warf ihr vor, einen »Feldgottesdienst der Zivilgesellschaft« oder auch »Volkspädagogik« zu betreiben; sie habe ein »Tempotaschentuch beweint« und damit den »Friedenspreis des deutschen Kuscheltuchhandels« erworben.[3]

Dabei hatte sie nicht mehr (allerdings auch nicht weniger!) getan, als einen menschenfreundlichen Vorschlag zum friedlichen politischen Miteinander zu formulieren; sie buchstabierte aus, was wir gemeinhin als Basis westlicher Demokratien betrachten. Wenn sich Einwanderer um die deutsche Staatsangehörigkeit bewerben, wird erwartet, dass sie genau diese Bereitschaft zur friedlichen Auseinandersetzung mit Differenz mitbringen; aber sobald eine deutsche Publizistin bejahend darauf Bezug nimmt, klingt es für viele bereits pathetisch, religiös (»Feldgottesdienst«) oder schlicht »zu gut«.

Sogar wenn das »Böse« gewinnt – zum Beispiel in Form des Wahlsiegs von Donald Trump im letzten November –, führt das bei der Gegenseite nicht unbedingt dazu, sich zusammenzutun und die Ärmel hochzukrempeln. Auch damals beklagte mindestens die Hälfte der Trump-Gegner in hohem Ton, die eigenen Leute seien gerade wegen ihrer Menschenfreundlichkeit mitschuldig gewesen. Der Multikulturalismus und die Offenheit für Einwanderung hätten bei weißen Amerikaner*innen, Bewohner*innen der Mitte, Bedrängungsgefühle verursacht und sie an den rechten Rand geschoben.[4]

Wenn solche Vorwürfe zuträfen, könnte man nichts mehr richtig machen, ohne damit alles falsch zu machen. Dürfte dann wenigstens Amnesty International noch entschiedene Ansichten gegen die Todesstrafe und die Folter formulieren, oder müssten wir befürchten, es könnten sich Leute, die Folter befürworten, unter Druck gesetzt fühlen ...? Oder werden irgendwann Stimmen laut, mit dem radikalen Eintreten gegen die Todesstrafe habe Amnesty International die Abschaffung derselben unmöglich gemacht:

»Dieses Dogma gegen die Todesstrafe ist ja soo eighties! Kann man seine Bedenken nicht vorsichtiger formulieren?«

Kurz nachdem ich mit der Arbeit an diesem Buch begonnen hatte, veröffentlichte Richard David Precht ein Buch über den menschlichen Umgang mit den Tieren; in diversen Interviews fragte man ihn, was denn daraus nun folge. Ob er als »Populärphilosoph« sich bitte einmal dazu äußern könne, ob man Tiere nun essen dürfe oder nicht. Es war ziemlich irritierend, um nicht zu sagen: bestürzend, wie sich dieser selbstbewusste und eloquente Mensch, der bereits vor über zehn Jahren als ethisch motivierter Vegetarier bekannt war, durch etliche Fernsehsendungen und Zeitungsartikel wand und druckste in dem Bemühen, bloß keinen Fleischesser mit allzu eindeutigen Aussagen vor den Kopf zu stoßen.[5]

Ungefähr zeitgleich fragte mich ein Magazin, ob ich als Tierrechtlerin etwas über meine ethische Sicht des Tieretötens und -essens schreiben wolle; aber es möge bitte »sachlich«, »nicht zu emotional«, auch »nicht moralisierend«, »ohne erhobenen Zeigefinger«, nicht »dogmatisch« und, wenn es gehe, mit »offenem« Ausgang verfasst sein, also die Frage offen lassen, ob wir Tiere essen dürfen. Irgendwie war eine ethische Expertise gefragt – aber bitte nicht zu viel!

Als letztes Beispiel möchte ich an die Brüderle-Debatte erinnern, in deren Zuge einige Verteidiger des Altherrenwitzes an Feminist*innen den Vorwurf richteten, sie würden die Atmosphäre zwischen den Geschlechtern verderben und dazu beitragen, dass Komplimente aussterben. Dahinter steht zunächst einmal eine wahrlich sonderbare Vorstellung von Erotik und von Komplimenten. Aber es sticht auch die Diskreditierung des Moralischen ins Auge: Wieso darf man solch einen Vorwurf, dass eine schlüpfrige Bemerkung nicht angenehm flirtiv, sondern eben unangenehm sexistisch war, nicht in den Raum stellen? Was ist passiert, wenn eine Journalistin nicht sagen darf: »Zu meinem Busen hatte ich Sie eigentlich nicht interviewen wollen«, oder eine Tierethikerin: »Ich halte das Töten von Tieren für falsch«, oder wenn eine Friedenspreisträgerin Spott erntet, weil sie für den Frieden im öffentlichen Umgang wirbt?

Nun will ich nicht so tun, als gäbe es nicht wirklich auch das Problem oder die Gefahr des moralischen Rigorismus oder Dogmatismus. Darum sei denjenigen, die bis hierher gelesen haben, obwohl auch sie gelegentlich das Schimpfwort Gutmensch gegen andere richten, ernsthaft versichert: Ich verstehe durchaus, dass Gutmensch nicht dasselbe ist wie »guter Mensch«. Mit der Bezeichnung Gutmensch soll angedeutet werden, dass jemand, der ein guter Mensch zu sein versucht, bei seinen Bemühungen so arg übertreiben kann, dass über all dem Moralischen das menschliche Maß verloren geht. Dass er oder sie zu rigoros wird. Dass jemand geradezu unrealistisch gut zu sein versucht, es aber nicht werden kann – so oder ähnlich. All diese Gefahren gibt es, und sie werden noch zur Sprache kommen. Doch das Problem ist leider, dass sich der Gutmensch-Diskurs geradezu obsessiv auf diese Schattenseiten eingeschworen und fast jede Diskussion über »gute Menschen« oder »Gut-Sein« aufgesogen oder verdrängt hat.

In unserer Diskussion darüber, wohin sich unsere Gesellschaft entwickeln soll, sollten diese Bedenken aber erst an zweiter Stelle stehen. Einer Friedenspreisträgerin könnte man (gegebenenfalls) vorwerfen, zu wenig Leidenschaft für den Frieden zu haben, nicht zu viel davon. Ein Autor, der den grausamen Umgang mit Tieren bewusst machen will, sollte nicht ständig damit beschäftigt sein, den Vorwurf des Moralischen abzuwehren, sondern man sollte ihm Raum geben, eben über den grausamen Umgang mit Tieren zu sprechen. Eine Redakteurin, die einen ethischen Kommentar anfragt, sollte nicht zuerst befürchten, eine ethische Position könne »zu ethisch« wirken, sondern umgekehrt: zu langweilig sein, nicht konsistent, nicht inspirierend. Zuerst sollten solche Debatten Menschen ermutigen, ihre ethischen Positionen zu formulieren – und nicht dazu bringen, sie in Besorgnis um die Befindlichkeiten Andersdenkender im Voraus zu unterdrücken oder zu verwässern.

Wenn ich vom Gut-Sein, von Ethik oder Moral spreche, meine ich jedes Mal ungefähr dasselbe: also dass man in seinem Handeln auch an andere denkt, etwas »für andere« tut.[6] Dass man es unterlässt, andere zu schädigen. Dass man an dem Wohl und Wehe der anderen Anteil nimmt. Dass man die Meinungen anderer anhört und ihre Willensbekundungen beachtet. Ein solcher zwischenmenschlicher Umgang, der von Respekt und Güte bestimmt ist, ist zunächst einmal – Achtung: Tautologie – etwas Gutes.

Wieso begegnen wir der Moral so argwöhnisch, als handle es sich um Pest und Cholera? Einen damit befassten Zeitgenossen muss man auf Distanz halten, mindestens durch spöttische Blicke und süffisante Bemerkungen; schließlich weiß keiner genau, wie ansteckend das ist. Doch woher die Inflation der Quarantänebemühungen? Woher stammen all diese Einwände, die uns gegen das Gut-Sein(-Wollen) einfallen, und wie können wir die pawlowschen Konditionierungen wieder aufheben, damit wir uns nicht stets selbst Knüppel zwischen die Beine werfen, sobald wir einen Schritt in Richtung auf etwas Gutes tun?

Dass so viel vernünftige Kritik an dem Gutmenschen-Bashing abgeprallt ist, könnte folgenden Grund haben: dass die Angst vor Gutmenschen und die entsprechenden Abwehrreflexe nicht rein rational, sondern eher psychologisch begründet sind. Oder waren. Was einmal begonnen wurde, wird von einer gewissen Gruppendynamik weitergetragen. Zum Beispiel spricht aus den oben zitierten Kommentaren zur Friedenspreisträgerin Emcke sowie aus der an mich adressierten E-Mail der Redakteurin eine gewisse Herabwürdigung von Gefühlen. Es fielen die Ausdrücke »beweint«, »Tempotaschentuch«, »nicht zu emotional«. Und es gilt nun einmal als unbeherrscht, irrational oder unsouverän, im politischen Diskurs Gefühl zu zeigen.

Immer kühl zu bleiben vermag allerdings nur jemand, der oder die nicht direkt involviert oder gar betroffen ist. Wer hingegen die »vornehme Distanz« nicht wahrt, wird leicht als unseriös oder gar kitschig wahrgenommen. Doch tatsächlich benötigen politische Einsprüche und Aufbrüche auch Emotionen, etwas Pathos und deutliche Symbole. Sind die pinkfarbenen *Pussyhats* der amerikanischen Demonstrantinnen bei den *Women's Marches* ein solches deutliches Zeichen – oder einfach nur albern bis kitschig? Mein Eindruck ist, dass wir solche Signale aus der Entfernung noch gutheißen und sogar bewundern können, doch je näher sie an uns herangetragen werden, desto mehr Scheu entwickeln wir. Als eine Richterin eines US-Gerichts eine solche Mütze trug, fanden dies viele Leute auch in Deutschland »cool«; ich bezweifle, dass es irgendjemand cool gefunden hätte, ja dass es nur im Entferntesten denkbar gewesen wäre, dass eine deutsche Richterin eine solche Mütze aufsetzte.

Ohnehin scheint mir, dass viele von uns Menschen in Deutschland, die von der Trump-Wahl aufgeschreckt worden sind und durchaus sorgenvoll den Bundestagswahlen im September 2017 entgegenblicken, zwar die Proteste in den USA bewundern: Hunderttausende Frauen marschieren zeitgleich in Dutzenden von Städten; Immigrationsanwält*innen postieren sich mit entsprechenden Schildern an Flughäfen, um dort Festgehaltene unentgeltlich zu vertreten; Schauspieler*innen und Pop-Musiker*innen nutzen jede Gelegenheit für politische Botschaften … Aber so etwas auch hier zu machen? Wir? *Ich*? Die Vorstellung, sie würden selbst so ein Schild hochhalten oder laut politische Parolen skandieren, ist vielen Menschen irgendwie peinlich.

Noch jedenfalls. Mein Verdacht ist, dass wir – die aktiven und passiven Teilnehmer*innen dieser öffentlichen Debatten – uns vor einiger Zeit gemeinsam in eine ungünstige Richtung haben treiben lassen; jetzt trauen wir uns gewissermaßen nicht mehr umzukehren. Schließlich sind wir Menschen auch Herdentiere (ich meine das nicht abfällig, es ist einfach so) und tendieren dazu, einmal Gesagtes durch Wiederholung wirkmächtiger zu machen, als es zu Beginn war, und einmal Gemiedenes durch stetiges kollektives Meiden mehr zu fürchten als nötig.

Vielleicht ging es den Jugendlichen ebenso, die die Mode mit den in die Kniekehlen hängenden Hosen erfunden haben. Zunächst dachten sie, dass es cool wäre. Dann ging ihnen auf, dass es auf Dauer nicht cool ist, wenn man keine großen Schritte mehr machen kann; doch da war es zu spät. Zu laut hatte man schon rumposaunt, dass Hosen, die Hintern bedecken, von vorgestern sind; und das gesamte Taschengeld war bereits für Kniekehlenhosen ausgegeben. Seitdem wird geschlurft.

Warum wir das mit dem gemeinsamen Fortschritt oft nicht besser hinbekommen, versucht die wissenschaftliche Moralpsychologie seit einigen Jahrzehnten mit Fragebögen, gestellten Konflikten und Laborsituationen herauszufinden. Zum Beispiel gibt es mehrere Untersuchungen zu den Mechanismen, die uns (Erwachsene) dazu verleiten, Wohltäter, Gutmenschen oder, wie es im Englischen heißt, *do-gooder* gering zu achten, wenn sie uns im echten Leben begegnen. Zu den ersten Entdeckungen zählte nämlich: Held*innen sind leider dann am beliebtesten, wenn sie zwischen Buchdeckeln oder auf der Leinwand auftreten. Dahingegen hätte sogar Robin Hood, dessen fiktive oder fiktionalisierte Geschichte wir begeisternd finden mögen, einen schweren Stand, wenn er leibhaftig zwischen uns erschiene. Jedenfalls haben Moralpsycholog*innen in diversen Experimenten herausgefunden, dass Held*innen im echten Leben nicht gerade auf spontane Zustimmung in ihrer Umgebung stoßen.

Ein Beispiel ist der amerikanische Helikopterpilot Hugh Thompson. Während des Massakers von Mỹ Lai in Südvietnam im Jahr 1968 vergewaltigten amerikanische Soldaten unzählige Frauen und brachten 504 Zivilisten um, darunter Kinder und Greise. Wenige Soldaten weigerten sich mitzumachen, und erst der Hubschrauberpilot Thompson konnte das Morden zum Stillstand bringen, indem er androhte, er werde von seinem Helikopter aus das Feuer auf die Kriegsverbrecher eröffnen. Von den einen wurde

Thompson daraufhin als Held gefeiert und mit Medaillen geehrt; doch es gab auch Nestbeschmutzervorwürfe und sogar Morddrohungen.

Ähnlich erging es Joseph Darby, einem amerikanischen Militärpolizisten, der im Irak stationiert war und im Jahr 2004 die Vorgänge im Gefängnis Abu Ghraib publik machte. Die Fotos, unter anderem von dem Gefangenen, dessen Gesicht mit einer spitz zulaufenden Mütze oder Tüte bedeckt ist und an dessen beiden Händen Stromkabel angeschlossen sind, haben sich ins öffentliche Gedächtnis eingebrannt. Für andere Fotos wurden Gefangene gezwungen, nackt mit Hunden zu posieren. Joseph Darby bekam mit, wie amerikanische Soldatinnen und Soldaten mit diesen Folteraktionen prahlten und untereinander Fotos der Misshandlungen herumschickten; er übergab eine CD mit solchen Fotos den Ermittlern. Im Zuge der weiteren Verfahren wurde die Identität des Whistleblowers bekannt, er wurde Opfer von Mobbing und musste zu seinem eigenen Schutz vom Militär an einen geheimen Ort verbracht werden.

Auch die Teilnehmer des berühmt-berüchtigten Milgram-Experiments gingen nicht freundlich mit denen um, die Menschlichkeit zeigten. In dieser Versuchsanordnung wird von nichtsahnenden Probanden verlangt, einer anderen Person Stromstöße zu versetzen, wenn sie auf Testfragen nicht richtig antwortet. Diese Stromstöße werden (angeblich) immer stärker; die Person, die sie vermeintlich erhält, ist in Wirklichkeit ein Schauspieler und mimt zunehmenden Schmerz und Verzweiflung. Dieses Experiment wurde zigfach wiederholt, und stets zeigte sich eine überwältigende Zahl von Teilnehmer*innen bereit, einem Unschuldigen

Stromstöße zu versetzen. Für unseren Gutmenschen-Kontext ist allerdings noch relevanter, dass die wenigen Versuchsteilnehmer*innen, die sich der Anweisung widersetzten, dafür von den Mitmacher*innen abgelehnt wurden. Typische Kommentare lauteten, die Verweigerung sei »einfach lächerlich« oder die Betreffenden hätten sich »nicht unter Kontrolle«. Sie hätten schließlich zugestimmt, an einem Experiment teilzunehmen, und wenn sie dies nicht täten, ließen sie den Experimentator im Stich.[7]

Wie lässt sich dieses paradoxe Phänomen erklären, dass moralische »Helden« von Außenstehenden zwar als Vorbilder angesehen werden mögen, von den unmittelbar Umstehenden und Mitbeteiligten jedoch oft abgelehnt werden? Moralpsycholog*innen erklären dies mit der moralischen Ablehnung, die die Mitmacher*innen selbst befürchten. Diejenigen, die sich beim Milgram-Experiment weigerten, Stromstöße zu versetzen, zeigten damit implizit auf, dass die anderen, die damit bisher keine Probleme hatten, falsch handelten; sie ließen diese »in schlechtem Licht« erscheinen. Obwohl dies zunächst nur eine Antizipation ist, lässt sie die Mitmacher*innen, wie ich sie der Einfachheit halber nennen will, sozusagen die Flucht nach vorn antreten – Angriff ist die beste Verteidigung.

Es gibt zahlreiche psychologische Experimente, die verschiedene Aspekte dieser zunächst widersinnig scheinenden Reaktion der sogenannten *do-gooder derogation* (also etwa: Schmähung von Leuten, die Gutes tun) untersucht haben; sie haben wieder und wieder belegt, wie wichtig moralische Selbst- und Fremdwahrnehmung für Menschen sind und dass wir hier – ebenso wie in anderen sozialen Situationen – mit Vergleichen oder Konkurrenzgefühlen reagieren. Genau genommen lässt der Held die Mitmacher nämlich nicht in schlechtem, sondern in *schlechterem* Licht erscheinen – die Mitmacher fühlen sich in ihrem moralischen Ansehen herabgesetzt.[8] Das tut anscheinend so weh, dass man lieber eine Rechtfertigung eigenen Handelns an den Haaren herbeizieht (wie die, der Verweigerer des Milgram-Experiments lasse den Experimentator im Stich), als auf Platz zwei der imaginierten Moralskala zu landen.

Man bemerke, wie verrückt es im Grunde ist, dass ein Feld, das Menschen zusammenführen und sie etwas füreinander tun lassen soll – Ethik oder Moral –, derart stark von Wettbewerbsgedanken gestört wird. Ist dies besonders stark unter spätkapitalistischen Verhältnissen der Fall? Der Gedanke ist verlockend, schließlich sind ja bereits unser Ess-, unser Turn- und unser Schlafverhalten zum Gegenstand von Selbstoptimierung zwecks Wettbewerbsfähigkeit geworden. Vielleicht handelt es sich aber auch um eine anthropologische Konstante.

Jedenfalls sei es zwar nie angenehm, nicht recht zu haben, meint der Stanforder Psychologe Benoît Monin, aber es sei anscheinend besonders unangenehm, moralisch im Unrecht zu sein (und dabei sozusagen ertappt zu werden). Dies gelte übrigens auch dann, wenn die jeweilige moralische Frage, in der »konkurriert« wird, gar nicht von allen Beteiligten als bedeutsam eingestuft wird.[9] Um dies zu untersuchen, hat Monin in Experimenten Fleischesser und Vegetarier aufeinanderprallen lassen; und sogar Fleischesser, die Ernährungsweisen für nicht moralisch relevant hielten, reagierten mit denselben Formen von Abwehr auf die »Bedrohung« durch die moralische »Superiorität« der Vegetarier*innen.

Dabei teilt Monin die typischen Abwehrmechanismen in drei Stufen ein, von denen die erste Skepsis ist. Derjenige, der sich als der weniger Moralische blamiert fühlt, zweifelt an den Motiven des anderen. (Das entspricht in der Gutmenschen-Debatte den Unterstellungen, der andere handele nicht wirklich moralisch, sondern insgeheim eigennützig: Es gehe ihm ja hauptsächlich darum, sich selbst gut zu fühlen.)

Eine zweite Stufe nennt Monin »Trivialisierung«: Hier werden dem Wohltäter Kompetenzmangel, Blauäugigkeit und/oder Naivität unterstellt. (Auch dieser Vorwurf ist aus der Diskussion zum Beispiel um die Flüchtlingshelfer*innen im Herbst 2015 vertraut.)

Wenn beides nichts fruchtet und sich schlicht nicht von der Hand weisen lässt, dass das an den Tag gelegte *do-gooder*-Verhalten sowohl genuin moralisch intendiert als auch sinnvoll ist, werden als dritte Strategie laut Monin Distanz und Ablehnung gewählt. Dabei gehen die ablehnenden Personen zu persönlicher Abwertung, Diffamierung oder sogar direkten Feindseligkeiten über (ein Phänomen, das man von Online-Foren und rechtsintellektuellen Blogs kennt). Ein Scheitern der moralischen Projekte wird mit Schadenfreude begleitet. (Man erinnere sich an die »Silvester«-Diskussion nach der sexuellen Gewalt in Köln – manche Kommentare hatten einen regelrecht triumphalen Beiklang: »Ätsch, das habt ihr Multikulturalisten nun davon!«)

Was in den mir bekannten moralpsychologischen Untersuchungen sonderbarerweise nicht erwähnt wird, sind Schuldgefühle.

Wenn sie erwachen, weil man jemand anderem bei »gutem« Verhalten beobachtet, kann dies schmerzhaft sein. Und Schmerzen wollen wir tunlichst vermeiden.

Zum Beispiel: In dem Moment, wo Person A, die seit Jahr und Tag möglichst billige Klamotten kauft, erfährt, wie viel Mühe sich Person B gibt, möglichst fair produzierte Kleidung zu erwerben, wird A schlagartig bewusst, wie viele Shirts und Hosen sie schon getragen hat, die von vermutlich unterbezahlten Näherinnen angefertigt wurden, die ohne nennenswerten Arbeitsschutz viel zu viele Stunden in viel zu stickigen Räumen festsaßen. Auch Person A hatte schon mal eine Reportage darüber im Fernsehen gesehen, das daraus resultierende mulmige Gefühl aber schnell verdrängen können; schließlich wusste sie gar nicht, wie sie an andere Kleidung herankommen konnte. Die Ausbeutung der Näherinnen schien abstrakt und weit weg. Nun aber ist B aufgetaucht, und das moralische Problem ist da. Und damit das Schuldgefühl.

Im Falle nicht fair produzierter Kleidung mag es nicht ganz so stark sein wie dann, wenn eine Person einer anderen direkt Schaden zugefügt hätte; aber wer nur kurz in sich geht und entsprechende Erinnerungen aufruft, wird feststellen: Schuldgefühle gehören zu den unangenehmsten Gefühlen überhaupt. Man möchte sich winden und verstecken und die Zeit zurückdrehen, und all das geht nicht. Wiederum funktionieren nur Distanzierung, Lächerlichmachen und Gutmenschen-Schmäh. »Also ich kann mich nicht um alles kümmern!«, wird die sich »ertappt« fühlende Person A vermutlich sagen. Oder etwas schnippisch: »Na, wer sich so teure Klamotten leisten kann …!« Schon ist B als Luxussnob abgestempelt und A fein raus.

Sehr beliebt ist auch eine weitere, von Monin nicht erwähnte Strategie, die man »Minimalisierung« nennen könnte. Sie besteht darin, dass man sich eines drängenden moralischen Problems entledigt, indem man es in einem fix gefluteten Becken Tausender anderer Probleme ersaufen lässt: »Ja, aber Bananen sind auch nicht fair gehandelt«, könnte Person A in den Billigklamotten sagen, »und Blumen auch nicht, und sogar für Fairtrade-Kaffee kriegen die Arbeiter nur Pfennige.« Ergo könne man gleich etwas kaufen, von dem man weiß, dass es aus Sklavenarbeit stammt.

Ich spreche hier aus der Erfahrung einer Person, die zwar nicht mit dem Thema fair gehandelter Klamotten, aber mit Vorträgen über beziehungsweise gegen das Tiere-Essen schon vor unzähligen Auditorien gestanden und sich die erstaunlichsten Verteidigungsmanöver angehört hat; bitte glauben Sie mir, liebe Leserinnen und Leser, Schuldgefühle können ein Motor für Veränderung sein, doch zunächst sind sie oft ein Kommunikationshindernis.

Wobei ich an dieser Stelle gleich dem Missverständnis vorbeugen möchte, ich würde mit dem proklamierten »Guten« allein das »richtige« Verhalten von Konsument*innen meinen: dass wir also nur fair produzierte Textilien und pflanzliche Nahrungsmittel kaufen sollten. Genauso wenig geht es mir ausschließlich um das direkte, tätige Helfen zum Beispiel im Zusammenhang von Flüchtlingsunterbringung und -bildung (davon erzählen Beispiele des folgenden Kapitels) oder nur um Demonstrationen wie die bereits erwähnten *Women's Marches*.

Vielleicht gehört dieser, von mir vorweggenommene Einwand – »Konsumverhalten ist noch keine Politik!« – ja auch bereits zum Phänomen der Minimalisierung: Man redet eine politische Strategie klein, indem man all die vielen anderen Strategien erwähnt, die vermeintlich politischer oder effektiver sind. Solche Einwände kann man im Kreislauf zelebrieren: Internet-Petitionen bringen nichts, weil nur echte Demos zählen. Demos bringen nichts, solange sich am Kaufverhalten der Einzelnen nichts ändert. Konsumboykotte bringen nichts, solange man die Firmen nicht per Petitionen oder E-Mails den Protest spüren lässt. Einen einzelnen Geflüchteten zum Essen einzuladen bringt nichts, solange die Asyl-Gesetzgebung so ungerecht ist. Auf eine Gesetzesänderung zu drängen hilft nichts, solange die Einzelnen nicht willens sind, den Neuankömmlingen auch Haus und Herz zu öffnen. Und so weiter.

Doch tatsächlich gibt es auch hier keine Konkurrenz. Das eine zu tun heißt weder, das andere zu lassen, noch, es zu verdammen. Vermutlich gelingt gesellschaftliche Veränderung erst durch das Zusammenspiel von allen möglichen Aktionen und Maßnahmen – und von Menschen, denen jeweils eine andere Art von Handeln, Sprechen und Unterstützen naheliegt.

Die Moralpsychologie hat uns also bereits geholfen, das Problem mit dem Selbstwertgefühl zu erkennen, das auftritt, wenn jemand anderes besser zu sein scheint als man selbst; Abwehrreaktionen wie Leugnung, Skepsis, Trivialisierung und Spott können die Folge sein. Außerdem habe ich daran erinnert, dass Schuldgefühle (und die entsprechende Selbsterkenntnis) unangenehm sind.

Unerwähnt geblieben ist in unserer kleinen Parade der Schmähungen des Guten die sozialpsychologische Dimension jedes, und damit auch des ethischen, Handelns. Ob es das Massaker von Mỹ Lai, die Folterpraxis in Abu Ghraib oder schlicht der Kleiderkauf ist, es handelt sich um Formen direkten oder vermittelten kollektiven Handelns, bei denen relevant wird, was die anderen tun. Und zwar haben nicht nur mehrere Individuen gleichzeitig dieselben Probleme oder Fragen zu bearbeiten, sondern sie generieren *gemeinsam* Normen und verstärken sie wechselseitig. Dabei können die Normen, die das Verhalten einer Gruppe bestimmen, bisweilen stark von der Alltagsmoral abweichen. Dass auf diese Weise aus liebevollen Familienvätern innerhalb weniger Stunden Massenmörder werden konnten, die sich an Pogromen gegen die Zivilbevölkerung besetzter Gebiete beteiligten, hat die Täterforschung für die Zeit des Nationalsozialismus intensiv dokumentiert.

Uns interessiert hier allerdings die umgekehrte Frage. Nicht: Warum tun Menschen Böses? Sondern: Warum diffamieren sie Gutes so häufig? Auch dies hat eine sozialpsychologische Komponente, die oft etwas vertrackter ist, als man zunächst annehmen mag. So haben sich im November 2016 diverse Kommentator*innen der US-Wahl gewundert, wie jemand aus den unteren Einkommensschichten so unklug sein könne, ganz gegen die eigenen Interessen den Multimilliardär und Steuerbetrüger Trump zu wählen. Ähnlich lässt sich über die Wähler*innen der AfD staunen, die ja, wie man in ihrem Parteiprogramm nachlesen kann, in ihrer Steuer- und Sozialpolitik nichts für die sogenannten kleinen Leute zu tun gedenkt, für die sie angeblich antritt.

Dieses Rätsel lässt sich möglicherweise mit einem sozialpsychologischen Blick auf langfristiges Wählerverhalten aufklären. Der amerikanische Sozialpsychologe Jonathan Haidt berichtet jedenfalls, es sei aus zahlreichen psychologischen Untersuchungen bekannt, dass Wähler*innen gerade nicht aus persönlichem Eigeninteresse heraus entscheiden, sondern für diejenige Partei stimmen, die (vermeintlich) das Beste für ihre soziale Gruppe will.[10] Wähler denken *groupish*, so Haidt, nicht egoistisch. Wenn also eine Partei zum Beispiel verspricht, weiße Otto- und Ottilie-Normalverbraucher vor einer als Dschingis-Khan-gleich geschilderten Bedrohung aus Mexiko oder dem Orient zu schützen, wird sie viele Stimmen von weißen Wähler*innen erhalten, unabhängig davon, ob deren tatsächliche derzeitige Probleme durch diese Partei adressiert werden oder nicht. Es ist eine Art Herdenschutz-Mechanismus, wenn auch nicht unbedingt der gescheiteste.

Ähnliches könnte man meines Erachtens bei dem moralpsychologischen Phänomen einer Gutmenschen-Schmähung vermuten, wo ein Mensch X ahnt, dass Handlung H nicht richtig ist; aber all seine Freunde oder die Menschen, mit denen er sich am meisten identifiziert, handeln eben so. Zu sagen, dass Handlung H falsch sei, käme einer Nestbeschmutzung gleich, außerdem würde es eventuell bedeuten, dass X sich von seinen Freunden distanzieren oder sie zur Rede stellen müsste. Zur Nestbeschmutzung und dem antizipierten Imageschaden *an* seiner Gruppe kämen ganz reale soziale Kosten wie die Abwertung *durch* seine Gruppe.

Ein Beispiel aus meinem Umfeld wäre die Jagd. Ich lebe nämlich in einem kleinen niedersächsischen Dorf, das von Hochsitzen praktisch umzingelt ist und in dem ich keinen einzigen Abend am Schreibtisch sitzen kann, ohne dass nicht mindestens einmal ein Schuss fällt, mit dem ein Reh oder ein Schwein niedergestreckt wird. Natürlich kann man mit vielen Jägern über das Unbehagen und die Trauer um die getöteten Tiere sprechen; aber kann man langjährige Jäger eventuell auch überzeugen? Ich bezweifle es. Und zwar nicht etwa, weil Jäger generell weniger intelligent oder generell gefühllos wären. Doch wenn jemand im mittleren Alter einräumen würde, dass das Erschießen wehrloser Tiere im Nichtangreifer-Modus etwas Brutales hat (um es vorsichtig auszudrücken), würde dies ja nicht nur bedeuten, dass er selbst etliche Jahrzehnte brutal gehandelt hat (Stichwort Schuldgefühle). Sondern es würde auch ein ungünstiges Licht auf seinen Vater, den Großvater, den besten Kumpel Ennio werfen … – Apropos Ennio: Und was soll der neuerdings von Bedenken geplagte Jäger machen, wenn Ennio am nächsten Wochenende wieder zu Besuch kommt? »Gehen wir wie immer direkt auf den Hochsitz«, könnte er grübeln, »oder sprechen wir vorher noch mal drüber? Nein, lieber mache ich rasch einen Witz über Veganer.«

Aber wieso lege ich hier anderen die problematischen Sätze in den Mund? Ich kann auch ein Beispiel (von vielen) aus meiner eigenen Biografie geben. Und zwar war ich bereits etliche Jahre Vegetarierin, als ich das erste Mal auf Veganer traf. Das war in Santa Cruz, Kalifornien, im Sommer 1989. Ich bestellte in einem studentischen Café ein Sandwich, in dem kein Fleisch sein sollte; und die Bedienung sagte, in sämtlichen ihrer Produkte sei nicht nur kein Fleisch, sondern auch kein Käse, kein Ei, nichts vom Tier – sie seien also vegan.

Es wäre schön, wenn ich jetzt berichten könnte, dass ich daraufhin gesagt hätte: »Oh, das ist ja ein interessantes Konzept. Vegan? Das ist eigentlich viel konsequenter als vegetarisch.«

Bloß war das, was ich sagte, halt: »Ist mir egal – Hauptsache, kein Fleisch drin!« Und zwar im Tonfall extra dick aufgetragenen Desinteresses und schönsten Hochmuts.

Die Erinnerung daran, wie ich die Gelegenheit, etwas dazuzulernen, mit völlig unpassendem Triumphschnauben – »Hauptsache, kein Fleisch drin« – beiseitewischte, lässt mir noch heute eine Welle von Scham den Rücken hinunterlaufen.

Mindestens zwei der oben erwähnten Aspekte von *do-gooder derogation* kann man daran gut nachvollziehen: Erstens hatte ich all die Jahre gedacht, ich sei ach so reflektiert und tierfreundlich; und dann tauchten Leute auf, die waren reflektierter und tierfreundlicher als ich; schon war aus der beiderseitigen Tierfreundlichkeit eine Wettbewerbssituation geworden. In gewisser Weise raubten mir diese Kalifornier damit auch ein soziales Distinktionsmerkmal, denn in den an Vegetarier*innen armen 1980er-Jahren war immer ich diejenige gewesen, die ernährungstechnisch und damit auf diesem Gebiet auch moralmäßig hervorgestochen hatte. Das war zwar zu weiten Teilen unangenehm, aber wie immer bei Dingen, die irgendwie narzisstisch gewendet werden können, auch ein wenig schmeichelhaft.

Zweitens dräuten in jenem kalifornischen Café natürlich Schuldgefühle am Horizont – und zwar genau die, die ich ja mit meiner Entscheidung für den Vegetarismus hatte ablegen wollen. All die Jahre hatte ich »wegen der Tiere« auf Fleisch verzichtet, also damit diese nicht um meinetwillen leiden und sterben müssten – doch genau das taten sie. Also die Milchkühe und Hühner. Wenn die Veganer recht hatten, war ich auf die Seite der Tierausbeuter zurückgekehrt bzw. hatte ich diese nie verlassen! Beides – die narzisstische Kränkung und das Schuldgefühl – schmerzte. Dann lieber Nase hoch und »Hauptsache, kein Fleisch!«.

Ich möchte diese Anekdote zum Anlass nehmen, noch auf ein letztes Phänomen einzugehen, das Moralpsycholog*innen oft beschreiben: das Soziometer. Dieser Begriff steht für die sowohl im Alltag wie auch im Labor wieder und wieder bestätigte Beobachtung, dass wir Menschen uns geradezu obsessiv damit beschäftigen, was andere von uns halten, und deren positiven Erwartungen meist genügen wollen. Allerdings scheint mir offensichtlich, dass es uns bisweilen wichtiger ist, vor uns selbst bzw. diesem fiktiven Beobachter gut dazustehen als vor den tatsächlichen anderen. Ich nehme an, jeder, der sich einmal selbst erstaunt hat Worte sprechen hören, die absolut nicht überzeugend waren – weder für uns selbst noch für das Gegenüber –, die aber trotzdem gesagt werden mussten, weil wir ja sonst unsere Schlappe eingestanden hätten (die ohnehin unverkennbar war) – jeder, der einmal in dieser absurden Situation war, wird verstehen, was ich meine. Allen anderen möchte ich versichern, dass es so etwas gibt. Darum nehme ich an, dass der Reflex, eine andere ethische Meinung abzulehnen, auch *gerade dadurch* ausgelöst werden kann, dass wir ahnen, dass der andere recht hat. Doch das wollen wir nicht zugeben. Also wird dagegengehalten, mit Argumenten und Emotionen.

Vor dem anderen stehen wir damit freilich noch blöder da, als wenn wir ihm einfach zustimmen würden: »Hast mich überzeugt.«

Wir ähneln also dem Kind, das sich beim Versteckspiel die Hände vors Gesicht hält; aber anders als das Kind wissen wir, dass wir nicht unsichtbar sind, und müssen es uns daher zusätzlich noch einreden. Oder sind wir in diesen Momenten vielleicht eher das Kind, das vor der zerbrochenen Keksschale steht, beide Wangen von Krümeln verklebt, und das nuschelt: »Ich war's nicht«? Glaubt es wirklich, damit durchzukommen – oder ist auch dies vielleicht das internalisierte Soziometer, das hier spricht? Rückblickend würde ich jedenfalls behaupten, dass ich im kalifornischen Vegan-Café zum Beispiel durchaus »wusste«, dass ich auf verlorenem Posten kämpfte – aber immerhin war es meiner, also wurde weiter gekämpft! Dass wir in vielen Fällen Einwände der anderen ignorieren (auf jene Kalifornierin muss ich, gelinde gesagt, beschränkt gewirkt haben) und den Kampf mit Scham, antizipierter Abwertung, Schuld und Fehlern nur mit uns selbst ausmachen, scheint mir ein Indiz dafür zu sein, dass das erwähnte Soziometer zwar natürlich existiert, aber in starkem Maße selbstbezüglich ist.

Unterstützt wird ein solches Verhalten womöglich auch durch das allgemeine menschliche Bedürfnis nach kognitiver Konsonanz. Das bedeutet, dass wir zum Beispiel das Auseinanderdriften von Intention und Handeln als unangenehm empfinden und uns lieber wer weiß welche Hintergrunderklärungen ausdenken, um beides zusammenzuführen. Denn wir Menschen sind Wesen, denen alles leichter fällt, wenn es ein begriffliches Konzept dafür gibt oder eine sinnstiftende Geschichte, selbst wenn sie idiotisch ist. Aber Hauptsache, sie hat eben einen Anfang und ein Ende und suggeriert zwischen beiden einen Zusammenhang.

Es gibt demnach viele Gründe, warum es uns so schwerfällt, unser Verhalten zu ändern (oder überhaupt: etwas zu tun), und warum wir meistens noch eine ganze Zeit lang auf dem sinnlosen

Pfad weitertrotten, bevor wir die Richtung wechseln. Bisweilen erkaufen wir uns mit hanebüchenen Ausweichmanövern lieber noch ein wenig (Selbst-)Achtung auf Pump, um bloß nicht zugeben zu müssen, wie schlecht es bereits um uns steht.

Nun bilden diese Erkenntnisse zur Ablehnung von moralisch Handelnden zwar eine erhellende Zwischenstation, aber nicht das Ende der Reise. Erst einmal ist aus den geschilderten moralpsychologischen Untersuchungen die etwas traurige Einsicht mitzunehmen, dass die menschliche Psyche – ob nun speziell unter postkapitalistischen Bedingungen oder generell – dazu tendiert, sogar etwas, das eigentlich dem Guten und Gemeinsamen dienen sollte, als Konkurrenzverhältnis zu interpretieren. Daraus kann sich eine Art verbaler Gladiatorenkampf entwickeln, der eher zur Ablehnung von Wohl-Tätern führt als zum Nacheifern oder Mitmachen.

Dennoch muss der Vergleich oder das moralische Vorbild nicht immer bedrohlich daherkommen, sondern kann auch inspirierend sein. So gibt es Experimente, bei denen die Teilnehmer*innen vorab gelobt oder ihrer moralischen Integrität versichert wurden; in diesen Fällen reagierten sie mit weniger Verunsicherung und Ablehnung auf moralische Vorbilder. Selbstsicherheit schützt hier also vor Konkurrenzgefühlen bzw. dem Gefühl einer Bedrohung.[11] Eine Möglichkeit, einander eher zum Gut-Sein anzustiften, als einander Konkurrenz damit zu machen, wäre also, grob gesagt, Situationen von Konkurrenz und/oder mangelnder Anerkennung zu entschärfen.

Wenn meine Überlegungen zum Gruppenaspekt moralischen Ansehens stimmen, könnte eine zweite Möglichkeit auch darin bestehen, das Gut-Sein vermehrt und in affirmativer Weise als gemeinsames Handeln zu begreifen, so wie Fahrradtouren oder Ins-Kino-Gehen auch. – Dazu später mehr.

Und drittens sollten wir die Hoffnung nie aufgeben, dass einige Menschen, die sich zunächst noch durch die ethische Präsenz eines anderen bedroht fühlten, dann doch irgendwann umkehren – was vermutlich schwieriger ist und mehr Größe verlangt, als von Anfang an auf der »richtigen« Seite gestanden oder einfach die Klappe gehalten zu haben.

Hierzu noch eine gute Nachricht, auch wieder aus den Laboren der Moralpsychologie. Es gibt ein auch im Alltag recht vertrautes Phänomen, das in der Redewendung auf den Punkt gebracht wird: »Der Überbringer einer schlechten Nachricht wird geköpft.« Er mag nichts dafürkönnen, aber wir spüren erst einmal Antipathie für den, der das Unwillkommene ausspricht. Auch bei einer uns unangenehmen ethischen Botschaft. Den Überbringer der Botschaft anzupflaumen ist zwar nicht fein, aber völlig menschlich.

Das Gute ist nun, dass damit nicht unbedingt auch die Botschaft selbst »geköpft« oder ad acta gelegt wird. Oft arbeitet sie in demjenigen weiter, der dem Überbringer am liebsten den Hals umgedreht hätte. Denn unsere intuitiven moralischen Reaktionen mögen zwar stark sein, auch die damit einhergehenden Impulse, unser Selbstbild zu verteidigen; doch die rationale Bearbeitung setzt ebenfalls noch ein, oft etwas später.[12] Der/die Ethiker*in braucht und darf also nie die Hoffnung aufgeben, dass das, was er oder sie sagte, auf fruchtbaren Boden fällt; nur trifft der Regen vielleicht etwas später die Erde als das Samenkorn.

2
RESERVOIRE DES GUTEN

Sind moralpsychologische Konzepte wie die des vorigen Kapitels überhaupt dazu geeignet, nicht nur hypothetische oder zurückliegende Situationen zu analysieren, sondern auch unsere eigenen Reaktionen in solchen Momenten besser zu verstehen und gar zu ändern? Das kommt darauf an. Ich habe jedenfalls nicht davon erzählt, damit wir anderen, die sich gerade in einem solchen Abwehrmodus befinden, auch noch ein triumphales »Ha, jetzt betreibst du *do-gooder derogation* Typ 1!« um die Ohren hauen. Das würde die Fronten nur verschärfen.
Und es wäre auch unhöflich, unfreundlich, unliebenswürdig. Eigentlich sollten wir genau die umgekehrte Richtung einschlagen. Wir müssen einen Weg finden, über Vorwürfe und Ansprüche zu reden und dabei ein gewisses Wohlwollen beizubehalten, zumindest wenn (wie fast immer) unser Gegenüber keine bösen Absichten verfolgt, sondern einfach nur sein »Image« zu verteidigen sucht – das imaginierte Selbstbild der egogetriebenen, imperfekten Wesen, die wir nun einmal sind.
Dazu würde ich gerne die moralisch verzwickten Situationen,

in denen wir uns beinahe täglich befinden, entschärfen – also den Druck des Sich-selbst-beweisen-Müssens etwas herausnehmen. Diesen Momenten den Charakter der Konkurrenzsituation nehmen oder dieses Gefühl zumindest lindern. Ich träume, kurz gesagt, davon, dass wir Gutes-Tun und Gut-Sein als etwas zu betrachten lernen, das man gemeinsam macht, jede*r nach seinen oder ihren momentanen Kräften, ohne irgendeine Veranlassung verspüren zu müssen, andere *do-gooder* zu degradieren. Um dorthin zu gelangen, können uns die moralpsychologischen Kenntnisse hoffentlich in unserer Reflexion anleiten und unfruchtbare Reaktionen abbremsen, bevor sie uns und andere verletzen und lähmen.

Warum zum Beispiel reagieren wir oft urteilend darauf, wenn jemand erzählt, er oder sie habe sich in letzter Zeit einem wohltätigen Projekt angeschlossen? Etwa der Essensausgabe in einer Flüchtlingsunterkunft oder einem dortigen Deutschkurs? Wenn wir uns unsicher sind, ob wir selbst »gut genug« sind, ist – dies entnehme ich der geschilderten Literatur – die Wahrscheinlichkeit hoch, dass wir in den Konkurrenz-Modus schalten. Die andere Person scheint uns zu bedrohen, indem sie uns vermeintlich schlechter dastehen lässt. Eventuell werden wir die andere Person loben, aber mit ebenso hoher Wahrscheinlichkeit werden wir Dinge äußern, die sie ein wenig verunsichern (»Darüber hab ich in der Zeitung gelesen, also ein bisschen crazy ist das ja schon«). Aber warum sehen wir Gut-Sein nicht als etwas an, bei dem man mitmachen kann, nur eben jede*r auf eigene Weise? Meistens überlegen wir in solchen Situationen höchstens, ob wir dasselbe tun könnten, und sagen das auch: »Also die Zeit/Nerven/Kraft hätte ich nicht!«

Aber es hat ja, ehrlich gesagt, auch keiner gefragt, ob wir sie haben. Wir müssen uns nicht verteidigen, warum wir nicht dasselbe tun!

Was wir uns selbst stattdessen sinnvoller fragen könnten, wäre, ob wir diese Sache unterstützen oder ergänzen können, je nachdem, wie es um unsere Zeit/Nerven/Kraft nun einmal steht. Wenn die Nachbarin erzählt, dass sie jeden Dienstag und Donnerstag bei der Essensausgabe eingetragen ist, könnten wir fragen, ob Töpfe/Schüsseln/Zutaten fehlen. Ob wir, weil ihr ja die Zeit zum Einkaufen fehlt, etwas für sie vom Supermarkt mitbringen oder mal eine Runde mit ihrem Hund drehen sollen.

Ebenso allgegenwärtig wie die Angst, am Ende nicht so gut dazustehen wie der andere, ist neuerdings der Verweis auf ein Burn-out. Kaum hat die Nachbarin berichtet, dass sie irgendwo aktiv werden will, wird jeder Zweite ihr ungebeten die Warnung mitgeben: »Gib bloß acht, dass du dich nicht überlastest! Helfer kriegen ganz oft Burn-out.« Noch bevor man einen Finger gerührt hat, erhält man Warnungen, was alles mit den Schultern passieren kann, wenn man zu lange zu viele Lasten geschleppt hat.

Womit ich nicht leugnen will, dass politisches Engagement und Helfen durchaus dazu führen können, dass Helfer*innen »ausbrennen«. Solches Ausbrennen wird aber in den seltensten Fällen durch die bloße Arbeitslast allein verursacht, sondern es schaukelt sich erst im Zusammenspiel mit mangelnder Anerkennung und ungenügender Hilfe von außen hoch. Die reflexhafte Warnung vor dem Helfer-Burn-out zum Beispiel, so fürsorglich sie in dem Moment auch gemeint sein mag, signalisiert vor allem: Lass mal sein, das ist nicht zu schaffen. Das »Hab ich's dir nicht gesagt?« ist der Helferin, sobald sie zugibt, auch nur ein klein wenig in Nöten zu sein, garantiert. Also sucht sie Zweifel und Engpässe zu kaschieren.

Wer sich derart in seinem Tun allein gelassen fühlt (und es auch tatsächlich ist), wird eher Ohnmacht, Vergeblichkeit und Überlastung verspüren als der, der im Verbund mit anderen eine Aufgabe angeht, die zwar schwer ist, aber eben doch getan werden muss. Und wofür ich in diesem Buch eine Lanze brechen will, ist die Behauptung: Anstatt Individuen vor die Wahl zu stellen, sich entweder als einsame Heldin zu versuchen oder die Hände in den Schoß zu legen, brauchen wir vielmehr eine Struktur und Kultur des unaufgeregten, gemeinsamen Gut-Seins.

Eine Zeit lang dachte ich, um einer solchen Kultur des Gut-Seins auf die Spur zu kommen, könnte es hilfreich sein, Geschichten aus anderen Zeiten und Weltgegenden zu sammeln, die davon handeln, wie Menschen etwas Gutes, Mutiges oder gar Heldenhaftes tun – und dies notfalls auch gegen die Widerstände ihrer Umgebung, ihrer Zeit, der Gepflogenheiten und herrschenden Normen. Ich hoffte, wir könnten dadurch sozusagen Reservoire des Guten anstauen und in Notzeiten anzapfen; denn man kann sich so schrecklich vereinzelt fühlen, wenn man versucht, der sich ausbreitenden (oder immer schwärenden?) Gewalt etwas entgegenzusetzen; man kann fast den Eindruck haben, jede Generation, jede Welle jeder Bewegung meint, sie fange von vorne an. Bis man sich klarmacht: In historischen Berichten gibt es so viel Gutes zu finden, das trotz aller Distanz vertraut und höchst ermutigend ist.

In der Dissertation einer Schweizer Juristin fand ich zum Beispiel die Geschichte von dem neunjährigen Heinrich, der Mitte des 19. Jahrhunderts bei Zürich zur Schule ging;[13] seine Hartnäckigkeit brachte einen Vergewaltigungsversuch an einer Mitschülerin vor Gericht. Das war eine Zeit, als der »Ehrverlust« bei einer Vergewaltigung vor Gericht so viel zählte wie die zugefügten Schmerzen und die meisten Kinder noch nicht einmal die Namen ihrer Geschlechtsteile kannten. Heute würden wir sagen: Heinrich zeigte Zivilcourage. Denn sein Vater schimpfte den Jungen wiederholt dafür aus, dass er so auf der Angelegenheit beharrte; aber er beharrte nun mal weiter, bis die Erwachsenen sich des Problems annehmen mussten. Sicher, wir können nicht genau rekonstruieren, was sich Heinrich dachte – war er vielleicht »nur« verstört aufgrund dessen, was er beobachtet hatte? Aber verstört zu sein wegen etwas, das einem anderen widerfährt, und es nicht auf sich beruhen zu lassen – genau darum geht es schließlich.

Des Weiteren könnte ich von den unzähligen Aktivitäten der Lucretia Mott berichten, die zu den ersten Weißen in Amerika gehörte, die sich gegen die Sklaverei einsetzten; außerdem schrieb sie ein Pamphlet über die Rechte der nordamerikanischen Ureinwohner und kämpfte für die rechtliche Gleichstellung von Frauen und Männern.[14] Wie so viele der damaligen Abolitionist*innen und Frauenrechtler*innen zog sie von Vortrag zu Vortrag durch Nordamerika; und nach Art der Quäker-Predigten bereitete sie für ihre Reden kein Manuskript vor, damit der Schöpfer ihre Worte lenken und unterstützen möge. Ihre spontanen Reden müssen beeindruckend gewesen sein, und bei ihrer Beerdigung soll ziemliche Stille geherrscht haben, bis jemand sagte: »Was sollen wir sprechen, wo doch die Rednerin tot ist?« Ihr matronenhaftes Äußeres nutzte sie, um geradezu schockierende Forderungen nach

Freiheit für alle Menschen zu stellen (darunter war auch eine Allianz mit eher unquäkerhaften Positionen zur sexuellen Selbstbestimmung); und einmal brachte sie sogar inmitten eines wütenden Mobs genug Vertrauen auf, um einem besonders bedrohlichen Mann die Hand auf die Schulter zu legen und ihn zu bitten, er möge sie sicher hinausgeleiten.

Ich könnte nochmals die Kontinente wechseln und von Schah Sultan, einer Schwester des osmanischen Sultans Süleiman, erzählen, die mit dem Großwesir Lütfi Pascha verheiratet war und mit diesem stritt, weil er für eine Prostituierte eine brutale Körperstrafe angeordnet hatte. Schah Sultan »verlor die Beherrschung«, schreibt die Osmanologin Peirce; ihr Mann schlug sie; sie ließ sich scheiden und sorgte dafür, dass ihr Bruder seinen Großwesir entließ.[15] Die Frau desselben Sultans, Roxelane, unterstützte mit ihren Bauwerken und Stiftungen das Istanbuler Viertel, aus dem sie seinerzeit als Sklavin in den Palast gekommen war und in dem viele osteuropäische Prostituierte feilgeboten wurden; auf ähnliche Weise zeigten etliche weibliche Angehörige der Sultansfamilie besondere Anteilnahme am Schicksal schlechtergestellter Frauen.[16]

Ich könnte in der Zeit noch weiter zurückgehen und Worte des blinden arabischen Dichters Abūl-ʾAlāʾ al-Maʾarrī zitieren, der vor tausend Jahren bereits aus Rücksichtnahme gegenüber Tieren zum Veganer wurde und dies mit denselben Worten begründete wie heutige Tierethiker*innen: »Tiere sind, wie Ihr wisst, Lebewesen, können empfinden und fühlen Schmerz.«

Auch diese Menschen wurden von einem ethischen Impuls angetrieben und darin häufig von ihrer Umgebung nicht unterstützt, sondern infrage gestellt, verspottet und teils sogar bedroht. Sie verhielten sich so, dass man sie heute Gutmenschen schimpfen könnte, und haben in der einen oder anderen Weise zu hören bekommen, sie mögen es doch bitte nicht »übertreiben«.

Von al-Ma'arrī zum Beispiel ist ein Briefwechsel[17] erhalten, in dem ihn der Leiter eines Amts für religiöse Angelegenheiten in Kairo streng zur Rede stellte: Ob sich al-Ma'arrīs Ethik denn auch mit dem Koran vertrage? Wiederholt hakte der Kairoer Religionsgelehrte bei dem Dichter nach, ob dieser denn besser sein wolle als Gott, der doch den Tod der Kreatur in seinen Schöpfungsplan mit aufgenommen habe.

Al-Ma'arrī blieb ebenfalls hartnäckig. Er legte dar, warum er sich verpflichtet fühle, an Tieren nicht nur ihre Fähigkeit zum Leid, sondern auch den Selbstzweck ihres Lebens und ihren Willen zu respektieren: »Niemand wird leugnen, dass die Tiere, die im Meer leben, gegen ihren Willen an Land gezogen werden.« Aus denselben Gründen lehnte er Eier ab, Honig und Milch und schrieb zur Erklärung: »Es ist wohlbekannt, dass die Kuh, wenn ihr Kalb getötet wird, nach ihm ruft und deshalb ganze Nächte wach bleibt. Sein Fleisch wird gegessen, und die Milch, die es hätte trinken sollen, wird an die Besitzer der Mutter verschwendet.« – Die Frage, ob diese Ethik wirklich kompatibel ist mit dem zeitgenössischen Religionsverständnis, bleibt meinem Eindruck nach in dem erwähnten Briefwechsel eher offen; doch gleichgültig, welche Argumente den Religionsgelehrten überzeugt haben mögen, er bedankt sich für die Briefe al-Ma'arrīs und meint, er habe jetzt verstanden, was dieser bezwecke. Der Briefwechsel endet in Respektbezeugungen und Frieden.

Ob in den Briefen al-Ma'arrīs oder Lucretia Motts, ob in den Gerichtsprotokollen, in denen der kleine Heinrich auftaucht, oder den Dokumenten des Topkapi-Serails, die von den Angelegenheiten und Stiftungen der Sultansfamilie berichten – in all diesen Fällen haben wir das Gefühl, durch die Jahrhunderte hindurch die Hand nach unseren Ur-Ur-Urahnen ausstrecken zu können; dort treffen wir auf einen verwandten Geist oder, um im Bild zu bleiben, auf eine befreundete Hand. Sind dies Reservoire des Guten, aus denen wir schöpfen können – und die schon aufgrund der zeitlichen Distanz so weit von uns entfernt sind, dass wir sie nicht als Bedrohung empfinden? Seitdem ich den im letzten Kapitel vorgestellten Artikel über die Ablehnung »naher« Held*innen gelesen habe, denke ich, dass es vielleicht fast schwieriger und wichtiger ist, das Gute würdigen zu lernen, das direkt vor unserer Nase ist. Trauen wir uns also an etwas heran, das zeitlich näher liegt, wo wir hautnah den ethischen Impuls spüren können, aber ebenso die auf uns einstürmenden Einwände und die Nadelstiche der Schadenfreude?

In die Debatte um die »Kölner Silvesternacht« vom Jahreswechsel 2015/16, wo unzählige Frauen auf dem Kölner Bahnhofsvorplatz sexuell belästigt wurden, und in die Kommentare zum Lkw-Anschlag auf den Berliner Weihnachtsmarkt im Dezember 2016 mischte sich oft ein destruktiver Impuls, als ob es fast Genuss bereiten würde, diejenigen im Nachhinein abzustrafen, die im Herbst 2015 Flüchtlingen geholfen hatten. Eine Art »Da habt ihr's, ihr Gutmenschen!«, klang da an, ein »Seht ihr? Wir haben recht gehabt!«. Mehrfach wurde suggeriert, dass es, wenn im Jahr 2015 weniger Flüchtlinge ins Land gelassen worden wären, zu den Vorfällen nicht gekommen wäre.

Ob Schlägereien, Diebstahl, Vergewaltigungen, Mord – diese Verbrechen sind abscheulich, tragisch für die Opfer und Angehörigen, verstörend und verunsichernd auch für die Umgebung. Aber um sie ein für alle Mal auszuschließen, müssten wir nicht nur weniger Menschen ins Land lassen, sondern auch den Fortbestand der menschlichen Spezies insgesamt verhindern. Wo Menschen leben, gibt es Liebe und Kooperation – aber auch immer Gewalt. Wir müssen erziehen, sanktionieren, vorbeugen, regulieren, notfalls strafen; egal, ob die Haut der Täter nun weiß ist oder, wie meine, braun.

Lassen wir uns also von Straftaten und Schwierigkeiten, die auch, aber eben nicht exklusiv von Menschen anderer Länder verursacht wurden, nicht davon abhalten, uns an den Herbst 2015 zu erinnern. Ob wir nun direkt dabei waren oder es nur am Fernsehbildschirm mitverfolgt haben, es ging eine Welle der Energie durch dieses Land, eine Freude, endlich etwas für Mitmenschen tun zu können, die Hunger, Krieg und Bombenhagel entflohen waren. Die Ankunft der Flüchtlinge und das Aktivwerden mehrerer Hunderttausend Menschen, um ihnen die Ankunft zu erleichtern und teils sogar erst zu ermöglichen, könnten ein Reservoir an Gutem sein, zu dem so viele von uns Zugang haben – wenn wir es uns nicht zerstören lassen.

Erinnern wir uns an die Tausenden von Geflüchteten, die mit dem *Train of Hope* in Richtung Wien zogen. Zuerst entlang der Autobahn, dann wurden ihnen Busse und Sonderzüge zur Verfügung gestellt. Ich selbst gehöre zu denen, die monatelang einfach nur zugeguckt haben, begeistert, aber auch fast etwas ungläubig staunend. Ich erinnere mich, wie ich über Facebook mit wachsender Faszination mitverfolgte, dass sich zwei meiner Wiener Bekannten unabhängig voneinander an einem Abend aufmachten, um die mit Sonderzügen eintreffenden Geflüchteten zu begrüßen und mit Wasser und Obst zu versorgen. Sie hatten sich vorher nicht abgesprochen. Sie hatten das nicht planen können – niemand konnte das. Es gab keine Initiative, keinen Aufruf. Die Information machte die Runde, bedürftige Menschen kämen dort an, und andere Menschen gingen mit Vorräten hin.

So einfach war das. Nach diesem simplen Prinzip funktionierte der »Herbst 2015«. Die einen brauchten etwas, die anderen erfuhren davon und brachten es ihnen. Zu Fremden. Mit denen man meist nicht sprechen konnte; aber Wasser, Teddys, Wintermützen und Bananen sind universell. (Beinahe jedenfalls. Einmal sah ich später, wie ein kleiner afghanischer Junge in eine Banane biss – ungeschält.)

Die Einfachheit und Direktheit dieses Handelns war verblüffend und begeisternd, später auch ansteckend – aber zu Beginn auch ein klein wenig irritierend. Ebenso genau wie an meine Faszination erinnere ich mich daran, wie sich in mir so ein kleiner Trotz regte: »Das können die doch nicht einfach so machen!« Dieser Miesmacher, von dem ich schon sprach und der sich vermutlich aus all diesen Stimmen speist, die bei früherer Gelegenheit zu einem selbst schon einmal gesagt hatten: »Du kannst doch nicht einfach …!« Wie naiv das war – als ob ein paar Leute genug Essen für all die Ankommenden heranschaffen könnten!

Nun, in den nächsten Tagen und Wochen zeigte sich: Das konnten sie.

Und als Ende 2015 der Winter begann, wurde auch ich vor die Entscheidung gestellt: wegschauen oder helfen? Auf einem Provinzbahnhof in der Nähe kamen nach Mitternacht jede Nacht etliche, oft Dutzende Geflüchtete an, mitsamt kleinen Kindern; das Bahnhofsgebäude war geschlossen, und bis am Morgen der nächste Zug kam, verharrten die Menschen in der Kälte. Wie aus dem Nichts fanden sich Helferinnen und Helfer zusammen, die einander bis dahin nicht gekannt hatten. Wir schafften Decken hin und Matten, heißen Tee, Eintopf, Datteln und Bananen. Es war ungeheuer erleichternd und sogar beglückend, einfach das Naheliegende zu tun. Von Mensch zu Mensch. All diese Hindernisse wegzufegen, die vermeintlich zwischen uns und den anderen stehen.

Natürlich kann man jetzt einwenden, dass es nicht immer so schön blieb wie am Anfang. Einen Tapeziertisch aufzustellen, um Bananen darauf zu stapeln, ist einfach und ungeheuer befriedigend. Den Taperziertisch sauber zu halten und all die anfallenden Bananenschalen wegzuschaffen, schon weniger. Nach einigen Wochen, wenn nicht mehr Dutzende von Menschen Hilfe brauchen, sondern nur noch wenige eintröpfeln, ist es schon fast eine Enttäuschung, weil das heroische Ausmaß wegfällt: Heute vielleicht ein Dutzend Bananen. Wohin mit dem Rest?

Und so folgten der Euphorie der ersten Wochen weitere Wochen und Monate, in denen es mühsamer wurde. Den ersten Willkommens-Gesten folgten Versuche, nachbarschaftliche Beziehungen aufzubauen, die durch extreme Ungleichheiten geprägt wurden und manchmal beide Seiten ratlos machten. Es gab Deutschkurse im Vorraum einer Turnhalle, Behördengänge und unverständliche Formulare; ausgedehnte Abendessen, die insbesondere den Alteingesessenen, die ja noch so viele andere Sozialkontakte hatten und an prosaischere Abendessen gewöhnt waren, gelegentlich zu ausgiebig und zu verbindlich waren.

All so etwas ist nicht einfach. Es fällt unendlich viel leichter, Menschen, mit denen man nichts gemeinsam hat als einen Moment des Gebens und Nehmens, wertzuschätzen und sich über ein stummes dankbares Lächeln zu freuen – als die anderen Menschen, mit denen einen der Zufall zusammengeführt hat, kennenzulernen und dabei auch mit ihren nicht so angenehmen oder einfach nur gewöhnlichen Seiten in Berührung zu kommen. Missverständnisse ereignen sich. Manchmal kommen einem Zweifel, ob es die Mühe wert ist.

Aber mal ehrlich: Das ist bei fast allen Dingen so. Zum Beispiel in der Liebe. In der ersten Verliebtheit machen sich viele Probleme nicht bemerkbar; aber das bedeutet nicht, dass die gesamte Liebe infrage zu stellen ist, wenn man zum Beispiel merkt, dass es Details in der Vergangenheit des anderen gibt, die man erst einmal »verdauen« muss. Es spricht nicht gegen das Phänomen Liebe, dass die anfängliche blinde Verliebtheit andere Phasen durchläuft und in andere Formen von Zuneigung übergeht. Die starken Gefühle am Anfang tragen uns über die ersten Hürden hinweg und lassen etwas entstehen, an dem später auch gearbeitet werden muss.

Wem der Vergleich mit der Liebe zu rührselig ist: Denken Sie an ein Praktikum, das Sie als Schüler*in gemacht haben, oder an die ersten Wochen in einer spannenden Umgebung, wo nichts von Ihnen erwartet wurde. Am Anfang macht man die größten Fortschritte, da ist alles am befriedigendsten. Was man nicht hinkriegt, nimmt einem keiner krumm, wohingegen einem alles, was klappt, ein Hochgefühl verschafft. Das Neue ist aufregend, und man fühlt sich voller Zuversicht. Von null auf, sagen wir, fünfzig ist großartig. Von fünfzig auf fünfundfünfzig ist Mühsal. Genauso ist es mit fast jedem Projekt und eben auch mit dem Guten.

Trotz aller Einwände haben wir nämlich auch eine völlig idealisierte Vorstellung davon, wie es angeblich ist, Gutes zu tun. Als ob da immer eine Bombe des Wohlgefühls platzen, gleichsam paradiesisches Konfetti über allem herabrieseln lassen würde und wir selbst perfekt würden durch und durch. Aber was heißt da perfekt? Im Grunde erwarten wir sowohl von uns, heilig zu sein, als auch von den anderen. Doch die Menschen, denen wir helfen, sind nicht alle wunderbar, exotisch oder besonders; es sind halt irgendwelche anderen Menschen, die Bombenhagel oder Hunger aus ihrer Heimat vertrieben haben. Der eine oder andere mag sogar ein richtiges Ekelpaket sein, aber er ist immer noch ein Ekelpaket, das ein Recht auf ein Leben ohne Krieg und Verfolgung hat, ebenso wie ja auch jedes einheimische Ekelpaket das Recht auf ärztliche Versorgung hat, wenn er oder sie in ein Krankenhaus kommt.

Und auch an uns selbst beobachten wir unsympathische Züge, die zum Bild der glorreichen Helfer (das wir vielleicht gerne von uns kultivieren würden) nicht recht zu passen scheinen: Mal wollen wir einfach nur unsere Ruhe haben, und Kleinigkeiten bringen uns zur Weißglut; dann nehmen wir es einem anderen übel, weil er für etwas gelobt wird, das unserer Meinung nach unser Verdienst ist. Weitere unschöne Eigenarten stellen wir bei den anderen fest – sie halten sich nicht an Absprachen, sind elende Rechthaber, überschätzen ihre Kräfte oder Ähnliches.

Ambivalente Gefühle bei uns selbst gestehen wir uns ungern ein, und wenn sich herausstellt, dass die Mit-Helfer*innen und neuen Bekannten doch keine besten Freund*innen von uns werden, sondern einfach nur Verbündete sind auf begrenzte Zeit, sind wir ein wenig enttäuscht. Doch in der Enttäuschung über uns oder andere stoßen wir einander oft weiter von uns weg, als es angemessen wäre. Dass etwas nicht perfekt ist, heißt nicht, dass es nicht wert wäre, vervollständigt oder fortgeführt zu werden.

Neben diesem Einwand, dass die Euphorie der ersten Tage und Wochen nicht ewig anhielt, gibt es natürlich auch den umgekehrten Einwand: dass das Helfen an sich eine Art Euphorie auslösen kann. »Du willst dich vor allem selber gut fühlen«, bekommen viele zu hören, die viel Zeit in ehrenamtliches Engagement stecken. Sie suchten angeblich »nur« eine Gemeinschaft, mehr Sinn im Leben, neue Freunde, ein Gruppenerlebnis.

Mich macht so etwas immer misstrauisch: wenn gegen eine Gruppe, hier also die *do-gooder* oder Gutmenschen, sowohl ein bestimmter Vorwurf als auch der exakt entgegengesetzte erhoben werden. Beides gleichzeitig kann ja wohl nicht zutreffen. Was also ist gemeint, wenn jemand mit all solchen Bedenken gleichzeitig überhäuft wird? Oder geht es nur um Entmutigung an sich?

Zu dieser Art gesellschaftlichem Doublebind kam es jedenfalls auch beim Übergang des Herbstes 2015 zum darauffolgenden Winter. Es erschienen krittelnde Artikel in den Zeitungen: Es gebe anscheinend Menschen, die sich geradezu übers Helfen definierten. Das sei eine Art neues Hobby, eine Art gutmenschliches Wir-Gefühl – schrecklich!

Aber was ist denn daran falsch, ein Wir-Gefühl mit anderen zu entwickeln? Schicken wir nicht genau dazu Kinder in Ferienlager, veranstalten Nachbarschaftsfeste und Adventsfeiern im Kolleg*innenkreis? Und was also ist schlimm daran, wenn Kinder, Nachbarn oder Kollegen ein Wir-Gefühl dabei entwickeln, wenn sie zum Beispiel Essen ausgeben oder am Bahnhof Neuankömmlingen die Zugverbindungen nach Dänemark erklären? Das Problem mit dem Wir-Gefühl tritt dann auf, wenn es andere ausschließt; aber dass Menschen ihre Freizeit damit verbringen, Verbindungen zu anderen zu knüpfen, ist doch etwas Positives.

Genauso wenig ist es schlimm, wenn man sich beim Helfen gut fühlt – ist es denn schlimm, wenn man sich beim Backen der Adventsplätzchen gut fühlt oder beim Picknick am Baggersee? Ist es etwa unverdächtiger, wenn man sich mit anderen zum Fußballgucken verabredet als zum Kleidersortieren?

Wobei ich auch nicht umgekehrt behaupten möchte, dass Fußballgucken »primitiv« sei und Kleidersortieren etwas Besseres. Wir sollten uns davor hüten, das eine gegen das andere auszuspielen und ständig in Konkurrenz zu setzen.

Im September 2015 fanden sich in Hamburg eine Handvoll Menschen zusammen, deren Initiative zunächst unter dem Stichwort »zusammenschmeißen« in einer Halle der Hamburger Messe beheimatet war. Die Gruppe wuchs rasch auf Dutzende, ja Hunderte von Helfer*innen an und nahm an sieben Tagen der Woche gespendete Kleider, Schuhe, Babyartikel und Hygienemittel entgegen, um sie zu sortieren, in die benötigten Einheiten abzupacken und an Flüchtlingseinrichtungen rund um Hamburg auszugeben. An einigen Wochenenden kam es rund um die Hamburger

Messe zu Staus, weil so viele Menschen etwas abgeben wollten und so viele Helfer anrückten; in der Halle selbst war alles perfekt organisiert, mithilfe von Hunderten von Händen wanderten angelieferte Gegenstände in Regale, Beutel, Kartons und auf Paletten. Ungefähr so muss es in der Werkstatt des Weihnachtsmanns aussehen oder wenn man in Island ein Bataillon Elfen geordert hat, um irgendwo Ordnung zu schaffen. Flink, fast leise und höchst effektiv. Gelegentlich fiel den Helfer*innen aus einem Sack oder Paket eine Schokolade oder ein Brief entgegen. »Ich finde so toll, was Ihr macht. Daaanke!«

Bald konnten von den Hamburger Messehallen auch weiter entfernt liegende Heime beliefert und Neuankommenden am Bahnhof sogenannte »Hygienebeutel« überreicht werden; offizielle Einrichtungen riefen an und baten um Paletten voll Kleidung, Seifen und Damenbinden. Einmal sprach ich mit einer der Organisatorinnen, die einen Vollzeit-Bürojob hatte; jeden Tag ging sie nach der Arbeit zu den Messehallen. Sie erzählte, eines Abends sei sie von der Arbeit nach Hause gegangen, weil sie gedacht habe, sie solle sich mal ausruhen, aber es habe ihr »richtig was gefehlt«.

Ich gebe zu, dass ich bemerkte, wie sich in mir eine wohlvertraute missgünstige Stimme regte: Hat diese Frau nichts anderes im Leben …? – Wie destruktiv dieser Impuls ist, andere in freudigem Tun infrage zu stellen! Der Spruch »Man muss auch gönnen können« ist auch hier angebracht, denn wie gesagt: Helfen ist keine Wettbewerbssituation! Und mit anderen Menschen ein Projekt zu verfolgen, an das man glaubt, es wachsen zu sehen und neue Freunde dabei zu gewinnen, gehört zu den schönsten Dingen, die es gibt. Manchmal habe ich den Eindruck, dieselben Stimmen, die

die Freude am Gutes-Tun bespötteln, sind auch die, die regelmäßig Klage führen, die Menschen in einer Großstadt kennten einander nicht und keiner helfe »mehr« dem anderen. Keine Ahnung, ob das Wörtchen »mehr« hier berechtigt ist – man idealisiert ja so gern das Vergangene. Aber wer über die Anonymität der Großstadt lamentiert und über fehlenden Zusammenhalt, sollte doch bitte nicht über diejenigen herziehen, die in der Großstadt zusammenfinden und zusammenhalten.

Eigentlich brauche ich auch hier nicht auf andere, also auf das Beispiel der hilfe-»süchtigen« Hamburgerin zurückzugreifen, um diese miesmacherische Stimme zu provozieren; von mir selbst und meinem Gut-Sein-Wollen gibt es genug Lächerliches zu berichten. Ich hatte ja schon erzählt, wie inspirierend ich die Österreicher und später Münchener fand, die an die Bahnhöfe liefen, um zu helfen. Jeden Tag bestaunte ich auf der Facebookseite von »zusammenschmeißen«, dass wieder einmal paketweise Zahnbürsten, Beutel oder Winterjacken eingegangen waren. Bekannte von mir versorgten am Bahnhof Hamburg-Harburg Geflüchtete, die nachts ankamen und keinen Platz im dortigen Erstaufnahmelager mehr fanden. Aber an meinem kleinen Dorf ging der Zug der Flüchtlinge vorbei. Sicherheitshalber hatte ich ein paar Zahnbürsten und Socken auf Vorrat gekauft und all meine Decken und Yogamatten sortiert, um sie notfalls parat zu haben.

Dass sich an einem Bahnhof in meiner Nähe regelmäßig geflüchtete Menschen in Not befanden, davon erfuhr ich erstmals durch den Anruf eines Bekannten, der in einer ganz anderen Ecke Deutschlands lebt. Fünf seiner syrischen Freunde seien ungefähr eine halbe Stunde von meinem Wohnort entfernt aus dem Zug gestiegen, ihre Weiterfahrt nach Köln sei erst am nächsten Morgen, und sie hätten für die kommende Nacht keine Unterkunft.

Es ist ganz einfach, das Folgende zu belächeln: Ich geriet in höchste Aufregung. Endlich passierte nicht nur alles in den Nachrichten, sondern einmal bei mir. Endlich konnte ich auch etwas tun. Fünf Menschen, die mich brauchten, »echte« syrische Geflüchtete!

Vielleicht übertreibe ich jetzt ein wenig, aber ganz falsch ist es nicht. Als ich sie auf dem Handy anrief, sagte ich stolz: »*Salam aleikum*« (wie zu einigen meiner Glaubensgeschwister hier), und sie antworteten: »*Hello?*« Keiner von ihnen war auch nur im Mindesten gläubig. Weil in mein eigenes Auto nur vier Mitfahrer passten, lieh ich den Minivan meiner Nachbarin und holte die Gruppe ab. Sie warteten in einer Pizzeria, und ich ging schnell an die Kasse und sagte, die Rechnung wolle ich übernehmen, die fünf dürften auf keinen Fall etwas bezahlen: »Das sind Flüchtlinge!« Ich war voller Ehrfurcht.

Irgendwie ja lächerlich – aber andererseits: Nicht alles an dieser Ehrfurcht ist zu bespötteln. Immerhin waren diese fünf jungen Menschen in ihrer Heimat in oppositionellen Gruppierungen tätig gewesen und hatten viel riskiert: Eine von ihnen war Kriegsreporterin und -fotografin gewesen; in der Nähe der türkischen Grenze war sie bereits zwei Mal von Munitionssplittern verwundet und operiert worden.

Ich richtete die Betten her und versuchte, meine Gäste etwas kennenzulernen. Vier von ihnen waren allerdings froh, erst mal wieder Zugang zu Steckdosen zu haben, und tippten emsig auf ihren frisch aufgeladenen Smartphones herum. Nur einer besaß keines.

»Warum nicht?«, fragte ich. Er lächelte: »Ins Meer gefallen. Ins Mittelmeer.« Mir wurde etwas schwindelig. In meinem Wohnzimmer saßen fünf junge Leute, die tatsächlich ihr Leben riskiert, ihre Heimat aufgegeben und ihre Zukunft völlig einem ungewissen Schicksal anheimgestellt hatten, um hierherzukommen. Sie erzählten mir von der Überfahrt nach Lesbos und, wie sie durch Kroatien und Serbien gezogen seien und für jedes Land, durch das sie kamen, ein Lied getextet und gesungen hätten. (Das Lied über Serbien handelte vor allem von Schlamm.)

Ich bekam Gänsehaut, vielleicht war es eine Art Realitätsschock, oder eine Irritation des Gleichgewichtsgefühls; denn in dem Moment konnte ich gar nicht fassen, dass und wie solch eine krasse Geschichte, die ich bisher nur in etlichen Zeitungsartikeln gelesen hatte, ihren Weg in mein kuscheliges Backsteinhaus in der Lüneburger Heide gefunden hatte.

Ich habe von dieser Episode erzählt, weil ich mich freiwillig als Zielscheibe des Spotts anbieten wollte: eine Gutmenschin in Aktion. Feuereifer, hehre Träume und wenig Ahnung.

Aber jetzt, wo ich es niedergeschrieben habe, frage ich mich wieder einmal: Und was ist daran schlimm? Ist das nicht ganz normal, dass wir uns freuen, wenn etwas »losgeht«, oder dass wir dabei sein wollen, wenn etwas Außergewöhnliches, sogar Historisches passiert? Dieses kindliche Überschießen, dieser kaum kaschierte Eifer? Jeder Feuerwehrmann und jede Feuerwehrfrau kennt das Gefühl, dem ersten Einsatz geradezu entgegenzufiebern, wenn die Grundausbildung absolviert ist. Jede Assistenzärztin die

Freude auf den ersten Patienten. Ja, es ist im Grunde eine kindliche Freude, was aber möglicherweise nur bedeutet, dass wir Erwachsenen sie uns selten eingestehen und noch seltener dabei beobachtet werden wollen. Ertappt sozusagen. Aus irgendeinem Grund wollen wir doch lieber cool sein, die Sache voll im Griff haben. Da sind wir schon wieder ganz nahe bei den Teenagern, denen die Hosen in die Knie rutschen.

Ich denke, damit bringen wir uns um die besten Dinge. Denn ehrlich: Es gibt großartige Momente in dieser Euphorie des Helfens. Das sind Momente, die man in seinem inneren Fotoalbum fixieren sollte wie den zehnten Geburtstag und die erste Auslandsreise. Auch wenn wir uns bei ersterem vielleicht an Torte übergessen und beim anderen Reisedurchfall eingefangen haben, weswegen beide Ereignisse letztlich auf der Toilette endeten – aber ist das ein Grund, nie wieder Geburtstag zu feiern, Torte zu essen und zu reisen?

Kürzlich bat ich selbst an einem Bahnhof eine Unbekannte um Hilfe, hatte mein Portemonnaie zu Hause vergessen, wollte mir Geld für eine Fahrkarte leihen; sie lehnte ab. Sie wollte mich nicht einmal anhören. Später begegnete ich ihr wieder, ich sprach sie darauf an. Sie erinnerte sich sogar an mich und sagte, sie würde in solchen Fällen niemals helfen, weil sie dies einmal getan und schlechte Erfahrungen damit gemacht habe.

Ein Mal! Mit welcher Sache hat man noch nie schlechte Erfahrungen gemacht? Mit Schnürsenkeln und der Scheibenwischflüssigkeit und halt mit Geburtstagstorten, sogar mit einem neuen Film des Lieblingsregisseurs und sowieso mit jedem Menschen, den man gernhat. Was haben wir für verrückte Ansprüche ans Gutes-Tun, dass uns ein einziges Scheitern oder nur Holpern Anlass gibt, an allem zu zweifeln?

Jeder, der im »Herbst 2015« (und danach und seither) engagiert war, weiß um Holpern und Scheitern in Fülle! Wir erinnern uns an Streitereien im Team und an gespendete Klamotten, zwischen denen sich beschmutzte Unterhosen befanden; an Gelegenheiten, als jemand unser Essen nicht wollte oder unseren Rat nicht annahm, obwohl wir uns die halbe Nacht die Beine dafür in den Bauch gestanden hatten, an Missverständnisse und Ohnmachtsgefühle. An die unerquickliche Erkenntnis, dass auch unangenehmere Figuren unter denen waren, die unsere Hilfe brauchten, und dass auch nicht auf jede Helferin, die zunächst so schwungvoll gewirkt hatte, wirklich Verlass war.

Doch ein Vielfaches an positiven Begegnungen und Erinnerungen wiegt alles auf. Sie bilden Reservoire des Guten und erinnern uns an das, was Menschen zustande bringen, wenn sie sich zusammentun. Das Kennenlernen von Helfern, die wie aus dem Nichts zusammenfanden, aus allen Altersgruppen, aus allen Schichten. Das Eintreffen von Paketen mit Strümpfen, Unterhosen und Windeln in allen Größen, die nächtlichen Panikanrufe (»Hier fehlen Schlafsäcke!«), der Nachrichtenton von WhatsApp, der uns Tag und Nacht verfolgte, weil immer irgendwer aus der Helfer*innengruppe den Schlüssel zum Lager nicht fand oder die Datteln aufgegessen waren oder man jemanden suchte, der für einen Fieberkranken in der Notaufnahme Farsi dolmetschen konnte. Wir erinnern uns an lange Reihen zierlicher, dunkelhaariger Menschen auf den Bahnhöfen, die jeweils nur eine kleine Plastiktüte Gepäck dabeihatten und uns ihren Weg aus Afghanistan durch die iranische Wüste mit dem Finger in die Luft zeichneten; an Menschentrauben, die vor deutschen Fahrkarten- oder Getränkeautomaten standen und ihnen weder das eine noch das andere entlocken konnten. Wir verstanden, was für ein Luxus es ist, bedenkenlos Wasser aus der Leitung trinken zu können (und klebten an jeden in Sichtweite befindlichen Wasserhahn entsprechende Erläuterungen) und fielen nachts dankbar und glücklich in unsere Betten, einfach weil wir welche hatten! Wir trugen kleine Wörterbücher mit uns herum, die wenig halfen, weil wir nie wussten, wie etwas ausgesprochen wurde, rissen Witze mit Händen und Füßen, um Verlegenheit zu überbrücken, und hielten Babys im Arm, während ihre Mütter warme Jacken anprobierten. Jugendliche Eritreer standen in dünnen Windjacken auf den entlegensten Bahnhöfen, und kleine syrische Mädchen folgten ihren Eltern mit schief sitzenden Mützen tapfer durch den deutschen Regen: Endlich war wirklich einmal die Welt bei uns zu Gast.

An einem Tag im September 2015 fuhren meine Freundin und ich nach Ostdeutschland, wo irgendwer drei Kaninchen vorm Schlachten gerettet hatte und sie uns übergeben wollte; Regen fiel in durchgehenden Schnüren vom Himmel, und irgendwo, wo weit und breit keine Menschen wohnten, zogen plötzlich lauter kleine Grüppchen durch die Landschaft. Zuerst fuhren wir staunend an ihnen vorbei, dann fiel uns ein Muster auf, wir winkten eine tropfend nasse Familie in unser Auto: Es waren Geflüchtete, die irgendein dummer, verantwortungsloser und möglicherweise auch illegal agierender Busfahrer irgendwo in Süddeutschland oder noch weiter südlich aufgelesen und hier im norddeutschen Niemandsland wieder ausgespuckt hatte. Für die Weiterreise suchten sie einen Bahnhof.

An dem Bahnhof, als wir ihn endlich fanden, warteten bereits mehrere Dutzend weitere Ausgespuckte; Menschen mit zentralasiatischen Gesichtszügen, wie ich sie in der Mongolei vermutet hätte; es waren Afghanen. Nein, es ist nicht rassistisch, dies festzustellen, es heißt schlicht, etwas über diese Welt zu lernen. Denn erst als ich es zu Hause ergoogelte und mir auf YouTube ein paar Filme über Afghanistan anschaute, wurde mir nicht nur klar wie riesig dieses Land ist, sondern auch, welch unterschiedliche Menschen dort leben. Seitdem ich mich erinnern kann, war Afghanistan immer wieder als Kriegsschauplatz in den Nachrichten erwähnt worden; aber ich wusste immer noch nichts darüber, über seine Gebirgszüge und Städte, Sprachen und Menschen.

Wer den Film *Drachenläufer* kennt, weiß das, aber ich erfuhr es erst jetzt: In Afghanistan leben auch Hasara, eine von den Mongolen abstammende Volksgruppe schiitischen Glaubens. Denen gehörten die Familien an jenem Bahnhof vermutlich an. Ein Mann war verzweifelt, Frau und Kinder stünden nun schon seit einer Stunde dort im Regen, sie waren nass, ihnen war kalt. Ich erinnere mich, wie einmal ein Bundespolizist zu mir sagte, »die« hätten auf ihrer Flucht schon so viel Schlimmes erlebt, da würde ihnen ein bisschen Kälte auf einem deutschen Bahnhof auch nichts mehr ausmachen. – Doch die Nässe blieb nass und die Kälte kalt, auch für diese Hungrigen und Erschöpften.

Auf einer Konferenz in Berlin sagte die Schriftstellerin Annika Reich, die das Netzwerk »Wir machen das« mitgegründet hat:

»Aktiv zu werden, Begegnungen zu suchen und Räume zu teilen hilft immens gegen Ohnmachtsgefühle. Je stärker der Wind von rechts weht, desto mehr stöpsele ich ihn mir in meinen Rückenwindventilator ein. Denn eines ist klar: Wir, Oldtimer*innen und Newcomer*innen, für die Migration eine Chance ist, sind viel mehr und wir haben ohne Frage die schöneren Geschichten.«

Ich weiß nicht, ob das eben Geschilderte eine schöne Geschichte ist; eigentlich fehlt dafür der Bogen, das Ende, eine Pointe. Obwohl – eine Pointe kann ich eventuell nachliefern. Noch mal zurück zu der Überlandfahrt im Regen: Als sich die – in diesem Fall syrische – Familie, die wir ins Auto einluden, auf die Rückbank gequetscht hatte, holte meine Freundin aus dem Kofferraum eine Packung Trauben. Die drückte sie einem etwa vierjährigen Jungen, der auf seiner Mama saß, die wiederum möglicherweise auf noch jemand anderem auf meiner Rückbank saß, in die Hand. Der Junge nahm sich keine einzige Traube, aber er presste die Packung fest an die Brust und lächelte. Hinter mir verdampften ich weiß nicht wie viele Liter niedersächsischen Regens, die die völlig ungeeigneten Jacken dieser Leute durchtränkt hatten, ich versuchte durch die sich beschlagende Windschutzscheibe das Hinweisschild auf einen Bahnhof zu erspähen, und auf der Rückbank saß ein Kleiner lächelnd mit seinem Pfund Trauben.

All diese Kinder jenes Herbstes, jenes Winters. Wie kann es falsch sein, auf die Rührung, die sie in uns auslösen, zu reagieren? Ob es ein ertrunkener kleiner Körper am Strand ist, oder ein Kind, das durch das zerbombte Aleppo irrt, oder eines, das in eine Decke gemummelt von seinen Eltern durch einen Stacheldrahtzaun geschoben wird, oder eben ein Ankommender mit Trauben. Es gab Politiker*innen, die meinten, man müsse der Rührung, die solche Bilder auslösen, widerstehen, um sich nicht »erpressen« zu lassen. Es gab auch CDU-Politiker, die sich der Parole, wir müssten halt »wegschauen«, anschlossen.

Ich finde nichts politisch Kluges und auch nichts Christliches daran. Eine Menschheit, die sich von Kindergesichtern nicht anrühren lässt, ist keinen Pfifferling wert. Und unter Erpressung versteht man schließlich den unangemessenen Einsatz eines Mittels, um einen anderen Zweck zu erreichen, dem der »Erpresste« sonst nicht zugestimmt hätte. Im Falle der erwähnten Fotos aber entspricht die Botschaft exakt dem, was auf dem Bild zu sehen ist: Lasst so etwas nicht geschehen! Erwachsene dieser Welt, reißt euch zusammen, rückt zusammen, arbeitet zusammen, damit kein Kind tot an einem Strand liegt oder im Bombenhagel durch leere Straßen irrt.

Und lasst euch nicht entmutigen durch die Unsicherheiten und Schwierigkeiten, die jedes Engagement begleiten! Diese psychologischen Untiefen des Helfens zu erkennen – und sie zu akzeptieren, dafür jedenfalls wollte ich in diesem Kapitel eine Lanze brechen. Denn es gibt eine Fülle von Vorbildern und Geschichten, aus denen wir Ermutigung schöpfen können. Solche Reservoire des Guten sollten wir nicht (nur) in der Vergangenheit suchen, wo sie sich mit historischer Distanz umso glänzender ausnehmen, sondern vor allem in der Gegenwart, mit all ihren Irritationen und den widerstrebenden Gefühlen, die sie auslösen. Die Naivität und das Unvorbereitet-Sein zum Beispiel, die oft zum »Gutmenschentum« und zum »Anpacken« gehören, sollten wir nicht verspotten, sondern, wir sollten dazu stehen.

Vielleicht hilft es sogar beim Helfen, wenn wir zugeben, wie unfähig, überfordert, hochtrabend oder gar selbstverliebt wir uns gelegentlich verhalten haben. Das Teilen von Geschichten, so hoffe ich, vermag die Aufmerksamkeit auf die Sache selbst zu lenken, weg von der Ego-Konstruktion und den Leistungen und Fehlern der helfenden Person. Wenn wir hier offener miteinander werden, könnte dies Konkurrenzgefühle, Idealisierungen und Enttäuschungen mindern, die ansonsten so leicht aufkommen und alles erschweren.

3

EIN ENDE DER EXTERNALISIERUNGEN

Der Herbst 2015 war so besonders, weil er ein mehrfaches Aufwachen bedeutete: Zum einen entwickelte sich das länderübergreifende Engagement von Freiwilligen aus so vielen europäischen Ländern, zum anderen drängten sich auch die Schattenseiten der Globalisierung mit Macht in das Bewusstsein derer auf der vermeintlichen Sonnenseite. Nicht von ungefähr nannte Angela Davis die Refugee-Bewegung die »Bürgerrechtsbewegung unserer Zeit«.[18] Denn es waren Menschen aus anderen Teilen der Welt, die zu uns in die reichen Industrieländer kamen, die etwas forderten, die ganz wörtlich Grenzen durchbrachen. Sie brachten ein Wissen mit, das an sich nicht neu war, aber das wir seit Langem mit Macht verdrängen: das Wissen um die massiven globalen Ungleichheiten der Lebensbedingungen, die auf Dauer einfach nicht tolerierbar sind.

Tatsächlich entscheidet und handelt ja jeder und jede Flüchtende wesentlich aktiver als jede*r von uns Einheimischen, der egal wie viele Winterjacken der Größe nach sortiert. Und sie, die Flüchtenden, sind es auch, die das Handeln der Gutmenschen anstoßen. Den *Train of Hope* zum Beispiel haben sich nicht Hilfsorganisationen ausgedacht, sondern der damals 25-jährige Mohammad Zatareih. Er kam am 4. September 2015 auf die Idee, von Budapest aus in einem mehrstündigen Marsch in Richtung österreichische Grenze zu ziehen. Einige Tage zuvor hatte das Stocken und Streiten der EU-Flüchtlingspolitiker ihn und Tausende weitere Geflüchtete im Untergeschoss des Budapester Bahnhofs stranden lassen. Wie *DIE ZEIT* in einer Reportage berichtet, ist Zatareih dort die Idee gekommen, man könne die Budapester Geflüchteten in Fünferreihen aufstellen und die Autobahnen entlang Richtung Grenze ziehen lassen.[19] So werde man Medienaufmerksamkeit gewinnen und könne dem drohenden Rücktransport nach Griechenland entgehen. Mit einem Freund namens Ahmed setzte Zatareih den Plan innerhalb weniger Stunden um.

Zatareih schrieb Geschichte – auch wenn seinen Namen nur wenige kennen. Tausende weitere Asylsuchende innerhalb Europas werden kaum zur Kenntnis genommen, obwohl sie seit Jahrzehnten für menschenwürdigere Unterbringungen und Gesetze kämpfen, für die Anerkennung ihrer individuellen Bedürfnisse und des Familienzusammenhalts. Ihre Namen geistern meist nur kurz durch die Presse und sind schnell wieder vergessen.[20] Doch Geflüchtete, die aus der Perspektive der Helfenden vorrangig als Empfänger*innen erscheinen, sind Motoren einer weltweiten Entwicklung, die auch Europa verändern wird. Schon indem sie sich auf den Weg machen, wenn sie sozusagen bei uns anklopfen, bringen sie eine Botschaft über die Realität dieser Erde, die wir gemeinsam bevölkern, aber so ungerecht teilen. Ihr Anklopfen, ob es nun von Erfolg gekrönt oder abgewiesen wird, ruft zum Aufbruch. Wir müssen nicht nur Geflüchtete aufnehmen, sondern endlich den Umbau dieser Welt – der Weltwirtschaft und der Weltordnung – in Angriff nehmen.

So oft wurde seit dem Herbst 2015 auf Podien und in Radiosendungen darüber diskutiert, wie Europa mit den Neuankömmlingen »zurechtkommen« sollte. Scheinbar durch sie erst werden Sexismus und Antisemitismus in unsere Gesellschaft hineingetragen; außerdem befürworten nur wenige Neuankömmlinge die Ehe für alle (zumindest wird ihnen das unterstellt, besonders gern von den Einheimischen, die seit Jahren selbst am lautesten gegen die Gleichstellung homosexueller Partnerschaften protestieren). Werden unsere Werte durch die Flüchtlinge durcheinandergebracht? So lautet dann ungefähr der »besorgte« Tenor. Lohnender jedoch wäre es, einmal umgekehrt zu fragen: Was wollen wir lernen, welche Werte wollen wir entwickeln? Wenn uns der Herbst 2015 also viele Bilder und Begegnungen geschenkt hat – was haben wir daraus gemacht?

An dieser Stelle wird die mit dem »Wir« bezeichnete Menge unscharf. Viele der Helferinnen und Helfer vom Herbst 2015 sind dem Anstoß, der von außen kam, gefolgt und haben enormes zivilgesellschaftliches Engagement an den Tag gelegt und entsprechende Netzwerke entwickelt. Sie haben sich seither mit Asylverfahren vertraut gemacht, geben Sprachkurse an ihren Küchentischen, begleiten Geflüchtete auf Behörden; sie haben neue Freundschaften geschlossen, sind so etwas wie Patenonkel und -tanten von Habibas und Hamids und genießen, last, not least, syrisches Essen, das ihnen zum Dank vor die Tür gestellt wird. Initiativen wie die, die in dem Netzwerk »Wir machen das« gebündelt sind, organisieren lokale Lesungen in vielen Mutter- und Vatersprachen, organisieren Poesie-Festivals und bitten hierher geflohene Journalist*innen, ihre Perspektiven einzubringen, was im Gegenzug sowohl unsere Kenntnisse über fremde Länder als auch die über unser eigenes Land bereichert. Unzählige alteingesessene Deutsche haben zugelassen, dass die Ankunft der Geflüchteten im Herbst 2015 ihr eigenes Leben veränderte, und solche Veränderung zuzulassen ist etwas Positives. Es bedeutet, nicht nur stur einem alten Plan zu folgen, sondern wahrzunehmen, was sich seit seinem Entwurf verändert hat. Es bedeutet Flexibilität – die gute Sorte. Die Flexibilität, die in Jobanzeigen so gerne aufgeführt wird, verlangt ja vor allem, nach den Vorgaben der Firma Wohnorte und Arbeitszeiten zu wechseln und sein Leben diesen Anforderungen zu unterwerfen. Die Flexibilität hingegen, die uns lebendig hält, besteht eher darin, sich einzulassen auf Begegnungen mit anderen, an den Veränderungen zu wachsen und das Leben auf diese Weise zu bereichern.

So also reagierten etliche. Dennoch habe ich den Eindruck, dass ein Gutteil des »Wir« versucht, zum Status quo, wie er vor der Flüchtlingskrise war, zurückzufinden. Bundeskanzlerin Merkel ist rhetorisch gewaltig zurückgerudert und hat mit Nachbarstaaten der EU nach Deals gesucht, um Flüchtlinge gar nicht erst zu uns kommen zu lassen. Vor den EU-Außengrenzen werden weitere Grenzwälle errichtet, die die Menschen schon fernhalten sollen, bevor der Anblick Ertrinkender unsere Ruhe stört. Die Menschen, die man seit dem Januar 2016 nicht mehr über die Balkanroute westwärts ziehen ließ, froren und erfroren im darauffolgenden Winter in entsetzlich dürftigen Camps in Griechenland und angrenzenden Balkanländern. Andere sitzen auf Lampedusa fest. Ärzte weisen besorgt darauf hin, dass traumatisierte syrische Kinder ohne jede Aussicht auf Hilfe in Flüchtlingslagern des Nahen Ostens dahinvegetieren; buchstäblich jeder Geflüchtete, der aus den Ländern südlich der Sahara stammt, erlebte brutale Gewalt am eigenen Leib oder musste solche bei einem Nahestehenden miterleben; Ungarn hat mit der Internierung von Flüchtlingen begonnen; und seit dem Asylpakt II erhalten viele Flüchtlinge in Deutschland nur noch subsidiären Schutz, was bedeutet, dass die Frauen und Kinder, für die viele Männer das Wagnis der Flucht auf sich genommen haben, nicht nachkommen dürfen. Ohnehin werden aus den meisten deutschen Bundesländern Menschen zurück ins angeblich sichere Afghanistan geschickt.

Will sagen: Von der offiziellen Politik wird zumeist so getan, als sei die Flüchtlingskrise vorbei oder als müsse sie bloß irgendwie gedrosselt oder gedeckelt werden; an eine grundlegend neue Weltpolitik oder einen ganz neuen Umgang mit der Migration zwischen den Kontinenten wagt sich bisher keine*r heran.

Schon wie wir uns vom Mittelmeer zu sprechen angewöhnt haben, ist aufschlussreich. Im Jahr 2015 erschienen die griechischen Inseln und deren mit Rettungswesten gesäumte Strände vermehrt in den Nachrichten; das Mittelmeer wurde gleichsam zur Chiffre für Flucht, Not und Fluchtabwehr. Aber gerade das, was nicht gesagt oder gedacht wird und unsichtbar bleibt, gibt einen verräterischen Fingerzeig – oder zwei.

Denn erstens sterben in der Sahara jedes Jahr noch deutlich mehr Flüchtlinge, als in seeuntüchtigen Booten untergehen. Dass diese Menschen, die unter anderem von komplett überladenen

Wagen hinunterfallen und verdursten, selten in unseren Medien auftauchen – liegt das daran, dass ihr Elend schwerer zu dokumentieren ist, oder verbirgt sich dahinter ein weiterer, extremer Rassismus, der alles, was auf dem afrikanischen Kontinent geschieht, ohnehin unter »ferner liefen« einsortiert?

Zweitens wirkte es im öffentlichen Diskurs allmählich so, als ob das Meer selbst das Problem darstellte, die hohen Wellen, die schlechten Boote und höchstens noch die Schlepper. Zum Beispiel wurde immer wieder die Forderung laut, man solle Fähren von der Türkei zu den griechischen Inseln einrichten, um Flüchtenden die gefährliche Seepassage auf Schlauchbooten zu ersparen.

Diese Forderung war gut gemeint und ging dennoch der kritisierten Logik selbst auf den Leim. Denn um von Asien nach Europa zu gelangen, braucht es keine Fähren; kein Mensch *muss* von Kleinasien aus ein Gewässer überqueren, das breiter wäre als der Bosporus! Es sei denn, die Gesetze verbieten es ihm, einfach die Landesgrenzen von der Westtürkei nach Griechenland oder nach Bulgarien zu passieren … Genau genommen bräuchten viele Menschen auch nicht diesen Landweg über die Türkei und Osteuropa zu nehmen, gäbe es nicht wiederum Gesetze, die den Fluggesellschaften so viel Haftung für abgewiesene Asylbewerber aufhalsen, dass diese sich weigern, Menschen ohne Visum an Bord zu lassen.

In den Kulturwissenschaften spricht man bei solchen Phänomenen von einer »Naturalisierung«: Wir haben die politischen Fragen, wie sich Europa zum Rest der Welt verhalten soll, naturalisiert, also zu quasi natürlichen oder rein geografischen Fragen umgedeutet. Und so wurde in unserer Vorstellungswelt die

Flucht übers Mittelmeer zu einer Art Naturgeschehen wie Ebbe und Flut, nur grausam und todbringend.

Ebenso haben wir schon in Kindertagen gehört, dass es irgendwo anders auf der Welt hungernde Menschen gebe; aber außer den eigenen Teller leer zu essen und gelegentlich etwas zu spenden, konnte man nichts dagegen tun. Die Fülle der einen und die Not der anderen fügten sich zusammen wie Yin und Yang, eine stabile Welt, die Licht kennt und Schatten. Eine kosmische Ordnung, ungerecht, aber eben ein Naturgesetz. Die Flüchtlingskrise selbst erschien vor dieser Kulisse nur wie ein besonders drastisches Katastrophengeschehen; man kann die Folgen ein wenig lindern und muss warten, bis es vorüber ist.

Gegen das Wort »Flüchtlingskrise« wird bisweilen eingewandt, hier würden Flüchtlinge zu einem Problem gemacht. Doch das muss nicht so gemeint sein. Die hier ankommenden Flüchtlinge verursachen keine Krise, sondern sie fliehen eben vor einer Krise, sind ein Indikator für eine Krise, in der die Welt schon lange steckt.

Im Grunde nämlich war das, was wir im Jahr 2015 über diese Welt erfahren haben, ja nicht wirklich neu. Es war nur sichtbarer – für uns in Westeuropa. »Die ganze Zeit über haben wir das Elend der Welt nur auf den Fernsehbildschirmen gesehen, jetzt ist es da«, sagte Angela Merkel in einem Interview (das ich hier aus dem Gedächtnis zitiere). Merkels Flüchtlingspolitik im Herbst 2015 mag den einen zu weit und den anderen nicht weit genug gegangen sein, doch kann irgendjemand diesem Satz widersprechen?

Kurz hatte sich eine Art Vorhang zum Rest der Welt geöffnet, sprangen die Menschen, die wir bisher nur in Nachrichten leiden, klagen oder fordern gesehen hatten, aus dem Fernsehen in unser reales Leben hinein, ganz so, wie sonst höchstens in einem Fantasyfilm Spielzeugfiguren zum Leben erwachen.

Dass sich die Welt schon länger in dieser Krise befindet, ist sprachlich gesehen allerdings ein Paradoxon. Eigentlich bezeichnet das Wort »Krise« ja das akute Zusammenballen und Sich-Auftürmen von Unsicherheiten, Gefahren, Notlagen; definitionsgemäß kann eine Krise eben keine Dauerkrise sein. Stattdessen ist sie diejenige Phase einer unheilvollen Entwicklung, in der alles unerträglich wird; sie entspricht dem Moment, in dem sich die Welle aufbäumt, bevor sie bricht.

Aber das ist das Verrückte an unserer Situation: Immer wieder ist die politische und ökonomische Lage nicht nur für Einzelne, sondern für ganze Bevölkerungen unerträglich, mal hier und mal dort; immer wieder türmt sich eine Riesenwelle auf. Schon kommt die nächste. Aber ehrlich gesagt: Wir Bewohner*innen der reichen Länder schauen dem Wellengang vom Strand aus zwar nicht ganz ungerührt zu, aber wir beruhigen uns doch immer wieder ziemlich leicht. Kurz raffen wir unser Badetuch zusammen, dann rollen wir es wieder aus. Solange kein Tsunami kommt, vor dem auch wir wegrennen müssten, geht es immer wieder glimpflich aus … Für uns mag das stimmen, für die anderen aber nicht.

Nicht nur unser (westeuropäischer) Umgang mit Kriegen und Flüchtlingsbewegungen läuft nach diesem Muster ab, auch der mit dem Klimawandel, der in Zukunft für noch viel mehr Kriege und auch viel stärkere Fluchtbewegungen sorgen wird; während die einen, die küstennahen Gebiete im Meer ertrinken, verdorren andere im Inneren der Kontinente. Wenn uns ein Ausläufer einer dieser lebensbedrohlichen Entwicklungen trifft, reagieren wir sehr aufgeregt; es ist ja verständlich, dass alles, was vor der eigenen Haustür stattfindet, mehr bewegt als etwas in der Ferne, auch wenn das in der Ferne numerisch größer ist. Was aber nicht richtig ist, ist das erleichterte Ausrollen des Badetuchs danach: Uff, überstanden!

Nein, das ist es nicht. Nicht für die anderen. Wir mögen ein paar Grenzen verstärkt haben, hiesige Turnhallen können wieder zum Turnen genutzt werden – andere haben nicht einmal Schulen oder ein Zuhause oder ihre Familien. Der Klimawandel mag uns einen zunächst zu heißen und dann zu nassen Sommer beschert haben, unsere Erntemengen sind geschrumpft – aber wir können auf dem Weltmarkt alles Nötige zusammenkaufen, unsere Supermarktregale bleiben stets gefüllt. Andere Menschen verlieren alles.

Wie lange wollen wir das nun noch aussitzen, auf diesem metaphorischen Badetuch? Wie lange noch wollen wir dieses Wissen mit uns herumschleppen, dass alles Mögliche arg im Argen liegt – aber hey, mogeln wir uns halt durch, solange es funktioniert?

In den Vorweihnachtstagen im Dezember 2016, als in Aleppo Zehntausende Zivilist*innen eingeschlossen waren und Twitter-Nachrichten sandten, in denen sie sich von uns Überlebenden verabschiedeten, brach der Fernsehmoderator Daniel Aminati in einer an sich unpolitischen Sendung mit dem Skript, sprach das groteske Missverhältnis zwischen hiesiger Geborgenheit und dortigem Sterben an und sagte: »Ich weigere mich so zu tun, als wäre alles in bester Ordnung.«

Ich finde das großartig, ich will es keineswegs kritisieren, wenn ich ergänze: Das Problem ist leider, dass *nie* alles in bester Ordnung ist! An keinem einzigen Tag, den wir bisher auf dieser Erde zugebracht haben, war jemals überall Frieden. War keine Ausbeutung von Menschen und Tieren – durch Menschen, die es besser hätten wissen und anders hätten handhaben können.

Ich zum Beispiel bin in den 1970er- und 1980er-Jahren in einem eher wohlhabenden Ort im Vordertaunus aufgewachsen, immer war uns niemals hungrigen Kindern klar, dass es anderswo hungernde Kinder gab. Jedes Jahr klebten Bilder von afrikanischen Kindern mit großen Augen und leeren Schüsseln spendenheischend an den Litfaßsäulen; kein Mensch hat jemals geglaubt, mit den paar Spenden, die daraufhin gegeben wurden, könnten all diese leeren Schüsseln dauerhaft gefüllt werden. Schon damals wurden wir Kinder angehalten, dass wir dankbar zu sein hätten dafür, in der Lotterie des Lebens sozusagen ein besseres Los zugeteilt bekommen zu haben; aber in diese Sorte Dankbarkeit mischt sich auch immer ein wenig irrationale Schuld, eine Art Überlebensschuld: Wieso eigentlich wurden ausgerechnet wir so beschenkt und nicht sie?

Je älter wir wurden, desto klarer wurde uns, dass unser Reichtum tatsächlich etwas mit deren Armut zu tun hatte, dass also die Preise in dieser Lebenslotterie nicht ganz so drastisch unterschiedlich ausfallen müssten. Heute sehe ich andere Kinder aufwachsen und sich wieder mit demselben Rätsel herumplagen: Warum wir? Warum verbringen die anderen ihre Kindheit mit Hunger oder im Bombenhagel? Das versteht doch kein Mensch, und es muss auch kein Mensch verstehen, weil es nicht so sein muss. Natürlich wird es immer Ungleichheiten und auch Katastrophen geben, und einige werden schon in jungen Jahren schwerkrank werden, und die Frage »Warum die?« wird nie aussterben, solange Verletzlichkeit und Tod nicht ausgestorben sind. Aber es wäre ja schon viel gewonnen, wenn die Antwort »Das kann dir keiner sagen, die Welt ist halt so«, auf diese wahrhaft tragischen, unbeeinflussbaren Fälle beschränkt wäre und man dann auch ehrlich und betroffen sein kann.

Wenn hingegen ein Kind das Foto vom ertrunkenen Aylan an der türkischen Küste sieht, oder von einem anderen Kind, das verstaubt aus einer Mine auftaucht, in der es einen seltenen Rohstoff für unsere Smartphones schürft, können wir Erwachsenen nicht sagen: »Die Welt ist halt so.« Nein, sie ist nicht so, wir haben sie dazu gemacht.

Und alle Versuche, über diese Probleme hinwegzusehen und mit rasch gepackten »millionenschweren« Hilfsprogrammen die übelsten Krisenphänomene zu überkleistern, werden nichts bringen. Die wirtschaftlichen und politischen Beziehungen zwischen den Ländern dieser Welt kranken an grundsätzlichen, strukturellen Ungerechtigkeiten; dazu gehören Handelsabkommen, die die ökonomisch Stärkeren bevorzugen, und Patentgesetze, die den technischen Vorsprung der industrialisierten Länder in Gold verwandeln. Wirtschaftlich starke Länder und Unternehmen bestimmen die Märkte für Saatgut und Ackerfrüchte, für Gesundheit und Heilung. Wir kaufen die Rohstoffe auf und lassen den Dreck da. Wir sichern uns die Nutzung des Landes und schleppen die Ernte weg.

Mit einer unglaublichen Verantwortungslosigkeit muten wir Bewohner*innen der reicheren und mächtigeren Länder den anderen Weltgegenden und ihren Bewohnern Missstände zu, die wir bei uns niemals dulden würden, sowohl in arbeitsrechtlicher als auch in ökologischer Hinsicht – aber die Produkte dieser Missstände, die nehmen wir gerne! Wenn es zu teuer ist, Textilien in Europa fertigen zu lassen, wo Näher*innen ein Mindestlohn und ein gewisser Arbeitsschutz zustehen, dann kaufen wir sie eben in Südostasien; wenn unsere Gesetze nicht erlauben, dass man mit bestimmten Chemikalien Leder beizt, dann lassen wir eben indische Arbeiter für unsere Schuhe barfuß durch die Chemiebrühe waten; während wir darauf achten, dass unsere Kinder jeden Tag in die Schule und einmal wöchentlich jeweils zu Karate und zum Klavierunterricht gehen, tragen andere Kinder die Säcke mit Kakaobohnen, aus denen die Schokolade hergestellt wird, mit der wir unsere Kinder für gelernte Karate- und Klavierlektionen belohnen.

Und schon regt sich wieder diese Anti-Gutmenschen-Stimme – in mir selbst. Dieses Mal versucht sie es mit der von Monin beschriebenen Strategie der Trivialisierung und wendet völlig zu Recht ein: Du brauchst diese Ungerechtigkeiten zwischen armen und reichen Ländern nicht auszubreiten, jede*r von uns weiß das doch längst. – Schon, aber warum ändern wir es nicht? Wir haben die Klagen darüber, dass die Beziehungen zwischen Erster und Dritter Welt strukturell ungerecht sind, bereits so lange konsequenzlos ins Land ziehen lassen, dass wir schon mit wissendem Lächeln abwinken können, wenn wieder jemand davon anfängt. Das Problem ist bloß: Es stimmt immer noch. Es hat sich nichts, rein gar nichts geändert, seitdem zum ersten Mal jemand sagte, der heutige Hunger sei nicht natur-, sondern menschengemacht, und seitdem die Eine-Welt-Bewegung mit der Absicht antrat, diese Schieflage zu ändern.

In dieser Situation können uns die aktuellen Bücher einiger Experten auf die Sprünge helfen, die mit vielen Zahlen und Studien und ökonomischen Modellen das sagen, was wir ja alle wissen, aber eben so kompetent, dass es schwer ist, die Aussagen von der Hand zu weisen. Eins dieser Bücher hat der Ökonom Branko Milanovic verfasst, und es behandelt im Wesentlichen die Fragen, ob ökonomische Ungleichheiten weltweit eher zunehmen oder schwinden und wie man das erklären und beeinflussen kann. Den größten Einfluss auf unser Einkommen habe der Geburtsort, schreibt Milanovic. »In dieser Welt genießen jene, die am richtigen Ort (im richtigen Land) geboren werden, einen ›Ortsbonus‹, während jene, die im falschen Land zur Welt kommen, mit einer ›Ortsstrafe‹ belegt werden.«[21] Und an das Privileg des Einkommens sind weitere geknüpft, zum Beispiel die Chance auf sozialen Aufstieg, Zugang zu medizinischer Versorgung etc. All diese Faktoren führen dazu, dass einige Teile dieser Welt begehrtere Orte zum Leben oder auch nur zum kurzfristigen Geldverdienen sind als andere. Diese Ungleichheit wuchern zu lassen, ist ebenso unklug wie ungerecht. Dennoch, so Milanovic: »Die reichen und mächtigen Länder wollen nicht über diese Fragen diskutieren. Aber es wird immer schwieriger, den Kopf in den Sand zu stecken und so zu tun, als gäbe es das Problem nicht, denn die Globalisierung führt uns die extremen Unterschiede zwischen den Lebensstandards verschiedener Völker vor Augen (…). Der Exodus aus Afrika und in jüngster Zeit aus dem Nahen und Mittleren Osten wird Europa möglicherweise zwingen, eine multilaterale Migrationspolitik zu entwickeln.«[22] Milanovic hatte unter anderem eine leitende Funktion in der Forschungsabteilung der Weltbank inne; er steht nicht unter Marxismusverdacht und ist gewiss kein naiver, blauäugiger, nichtsahnender Gutmensch, er schreibt einfach nur, was vermutlich kein vernünftiger Mensch von der Hand weisen kann. Kommt also irgendwann einmal der Punkt, an dem wir sagen werden: Dieses Ungerechtigkeits-Problem besteht ›objektiv‹? – Was gerade nicht bedeutet, dass es unabänderlich ist.

Der Soziologe Stephan Lessenich wiederum hat in seinem Buch *Neben uns die Sintflut* einen Begriff geprägt, der sehr treffend den Mechanismus beschreibt, mit dem sich die industrialisierten Länder weltweit Rohstoffe, Ressourcen, Produkte, Arbeitskräfte und Absatzmöglichkeiten sichern: Er spricht von einer »Externalisierungsgesellschaft«. So charakterisiert er unser Verhältnis zum globalisierten Süden – oder: zum überwiegenden »Rest« der Welt. Die Gleichzeitigkeit von unserem Wohlstand und dem Mangel der anderen bringt Lessenich in einen klaren kausalen Zusammenhang: »Wir leben in der Externalisierungsgesellschaft, wir leben sie – und wir leben gut damit. Wir leben gut, weil andere schlechter leben. Wir leben gut, weil wir *von* anderen leben – von dem, was andere leisten und erleiden, tun und erdulden, tragen und ertragen.«[23] Noch stärker spitzt er an anderer Stelle zu: »Machen wir uns nichts vor: In der Externalisierungsgesellschaft gilt die ›goldene Regel‹, zu welcher Kants kategorischer Imperativ popularisiert wurde, (…) in pervertierter Form. Was du nicht willst, das man dir tu, das füg halt einem anderen zu (…).«[24]

Gemeint sind die erwähnten Arbeiter*innen an Fließbändern, Nähmaschinen und Fässern mit Lederbeize, auf pestizidverseuchten Plantagen für Südfrüchte und Schnittblumen und anderswo.

Ich erinnere mich auch an die Anlagetipps, die während der Bankenkrise allgegenwärtig waren; viele hiesige Bürger*innen hatten ihr Vertrauen in das Bankensystem verloren und wurden von Angst vor Inflation oder gar dem Zusammenbruch des Kapitalismus geplagt. Eine häufige Empfehlung lautete in jenen Jahren, man solle Gold kaufen. Weil dadurch die Nachfrage nach Gold deutlich stieg, brauchte es Nachschub, und zur Sicherung der Rücklagen der verhältnismäßig Reichen schickte man die Ärmsten der Armen in die Minen.

Der Begriff der Externalisierung stammt eigentlich aus der Psychologie, und es war sehr geschickt von Lessenich, ihn zu wählen. Eigentlich ist ja gemeint, dass ein Individuum eine innere Spannung oder einen Konflikt, den es bei sich nicht ertragen kann, einem äußeren Zustand oder einem anderen Akteur zuschreibt. Zum Beispiel könnte ein junger Mensch, der in der eigenen Familie wiederholt schwierige Situationen erlebt und daraufhin aggressive Gefühle entwickelt, die Auslöser anderswo festmachen – bei den Nachbarn oder »den Fremden« –, sodass seine eigenen Aggressionen erträglich werden und ein legitim erscheinendes Ziel haben. Zumindest kurzzeitig entlastet dies, kann man sich doch von dem Objekt, das die nun externalisierten Probleme in sich bündelt, distanzieren. Das Problem ist nur: Erstens ist das Problem nicht wirklich außerhalb angesiedelt – und zweitens holt es einen ohnehin irgendwann ein. Im Grunde handelt es sich um ein Selbstverhältnis, das »verrutscht« ist, das nicht der Wahrheit entspricht; eine Lüge gleichsam, die zwar kurzfristig Trost verspricht, aber eben auch psychischer Energien bedarf, um aufrechterhalten zu werden. Das kann lange gut gehen – aber nicht unbegrenzt.

Und so könnte man sagen, dass uns mit der Ankunft der Flüchtlinge ein externalisiertes Problem, nämlich das der weltweiten Ungerechtigkeit, einholt; mit den sogenannten Klimaflüchtlingen werden uns in Zukunft auch die ökologischen Folgen unserer Externalisierung von Produktionsprozessen und überhaupt unserer Ausbeutung von natürlichen Ressourcen einholen. Mit Vogelgrippeviren und multiresistenten Bakterien, die aus der Tierhaltung stammen, mit Gülle und Antibiotika im Trinkwasser holen uns schließlich die Folgen eines dritten Missstandes ein: die der Ausbeutung der Tiere.

Dass sich mehrere Dimensionen von Externalisierung, Ausbeutung und Ungerechtigkeit in ökologischen Gefahren bündeln, die auch den Lebensräumen derer drohen, die sich bislang auf der sicheren Seite wähnten, ist kein Zufall. Denn wir bewohnen schließlich eine gemeinsame Welt, genau deshalb lassen sich Probleme nicht beliebig lange externalisieren. Keine Chemiefabrik kann so weit weg aufgebaut werden und kein Atomreaktor so weit entfernt brennen, dass es nicht irgendwann alle Menschen, Tiere, Weltgegenden beträfe. Alle Schadstoffe, die wir in die Luft abgeben, bleiben in der Atmosphäre und kommen irgendwann mit dem Regen (wenn wir das Glück haben, welchen zu erhalten) wieder auf die Erde zurück. Die Flächen der Erde, auf denen wir in Monokulturen Mais, Soja und Getreide für hiesige Masttiere anbauen (lassen), verarmen und erodieren – und werden doch gleichzeitig für die Ernährung weiterer Menschen gebraucht. Es wird eng, für die einen jetzt schon, irgendwann auch für die Reicheren. Bis dahin können wir das Badetuch noch ein paarmal hochraffen und wieder auslegen; aber ewig geht das nicht.

Dabei sind wir menschheitsgeschichtlich eigentlich in einer neuen, einzigartigen, an Möglichkeiten reichen Situation. Seit es Menschen gibt – nun ja, genau genommen: seit es Affen oder überhaupt Lebewesen auf der Erde gibt –, war Ressourcenknappheit ein unausweichliches Problem. Eine gewisse Form von Schläue – jeder denkt an sich zuerst! – war angebracht: Jede Nahrung, die man nicht selbst rasch in Sicherheit brachte, konnte den eigenen Kindern nachher fehlen. Jedes Territorium, das man selbst nicht verteidigte, konnte von anderen besetzt und damit geraubt werden.

Seit einigen Jahrzehnten jedoch müsste Ressourcenknappheit kein bestimmender Faktor unseres Lebens mehr sein, eher wohl: die Ressourcenendlichkeit. Und das ist etwas ganz anderes. Wir haben zwar nicht beliebig viel Land zum Leben, Land zum Anbauen, Trinkwasser, Energie und Luft; aber was wir haben, könnte für alle Menschen reichen. Locker. Jedes Jahr aufs Neue. Es müsste keinen *Earth Overshoot Day* geben, an dem also alle jährlich nachwachsenden Ressourcen der Erde aufgebraucht sind und der im Kalender immer etwas weiter nach vorne rückt. Was die Erde hervorbringt, könnte allen Menschen ein würdiges Leben ermöglichen; doch natürlich müssten auch wir in den industrialisierten Ländern dafür unsere Lebensweise ändern, und zwar nicht nur kosmetisch.

Wir müssten aufhören uns einzubilden, dass wir mit dem Kauf von scheinbaren Bio- oder Stromspar-Produkten automatisch etwas Gutes für die Umwelt tun; denn sie mögen zwar weniger Ressourcen und Energie verbrauchen als die vorigen – aber immer noch jede Menge; auch die Banane mit dem Panda-Sticker ist einmal um die halbe Welt gereist. Wir müssten uns dort, wo es klimatisch möglich ist, rein pflanzlich ernähren, um weltweit genug Anbaufläche, Rohstoffe und Ressourcen (die derzeit für die Produktion von Tierfutter benötigt werden) freizusetzen, um nicht nur alle jetzt lebenden, sondern auch die zu erwartenden zwei bis drei Milliarden weiteren Menschen ernähren zu können (die politische Bereitschaft, diese Ressourcen dann auch gerecht zu verteilen, einmal vorausgesetzt). Wir müssten das Karussell der Moden anhalten, im Bereich der Kleidung wie in vielen anderen Bereichen zum Beispiel der Unterhaltungsindustrie, weil es uns dazu bringt, jedes Jahr und jede Saison neue Kleider, Kosmetikfarben, Einrichtungsgegenstände und Handys zu »brauchen«. Wir müssten mit einem bestimmten Statusdenken aufhören, demzufolge man mit exotischen Superfoods kochen und ein bis zwei Mal im Jahr ins Ausland fliegen muss, um zu beweisen, dass man zahlkräftig, gebildet und weltläufig ist.

Es lassen sich viele weitere Beispiele denken, und an dieser Stelle scheiden sich die Geister. Die einen empfinden Schrecken angesichts dessen, was auf sie zukommen könnte: Verzicht. Verzicht ist so etwas wie der kleine Bruder vom Gutmenschen und damit immer noch unbeliebter als Darth Vader. Zig Mal ist mir als Veganerin vor Vorträgen oder Zeitungskommentaren geraten worden: Lass es bloß nicht so klingen, als funktionierte Veganismus nur mit Verzicht!

Nun, natürlich kann man es immer, wenn man bewusst auf etwas verzichtet, auch als Gewinn verstehen – nämlich als den Zugewinn dessen, dem zuliebe man verzichtet. Das ist keine Lüge, das ist keine Schönfärberei, und darum wird es im nächsten Kapitel gehen.

Aber es wäre tatsächlich eine Lüge, so zu tun, als wäre Verzicht immer bequem und als könnte eine lebenswerte Zukunft für alle ohne unbequeme Anstrengungen funktionieren. Bloß folgt aus dem Umstand, dass wir in einer Welt der begrenzten Ressourcen und Möglichkeiten leben, ohnehin zwangsläufig, dass wir mit einer Handlung auf etwas anderes verzichten. Wie die Engländer sagen: Man kann den Kuchen nicht behalten und ihn gleichzeitig aufessen. Auch unsere momentane sozusagen luxuriöse Lebensweise bedeutet, dass wir auf anderes verzichten oder es ausschlagen oder verlieren.

So wurde in den vergangenen Monaten mehrfach gemeldet, dass der Smog in chinesischen Großstädten die WHO-Grenzwerte um das Zehn- bis Hundertfache überschritten hat; Schulen wurden geschlossen, Menschen gingen nur mit Atemmasken vor die Tür. Im Schnitt kommen viertausend Menschen in China täglich wegen der Luftverschmutzung um.[25] Wenn man den wachsenden Wohlstand der chinesischen Mittelschicht misst, genügt es dann, auf die Finanzen zu schauen, oder müsste man nicht auch mitberücksichtigen, wie viel Zugang ein Mensch zu gesunden natürlichen Ressourcen wie Luft, Wasser und Licht hat?

Und wie ist es bei uns? Auch in Deutschland gibt es jährlich Tausende von Todesfällen durch Luftverschmutzung. Vierzig Prozent verursacht unsere stickstoff- und güllelastige Landwirtschaft, weitere zwanzig Prozent gehen auf Verkehrsemissionen zurück. Letztere kosten mit siebentausend Toten pro Jahr immer noch doppelt so viele Menschen das Leben, wie direkt durch Unfälle umkommen.[26] Natürlich kann man sagen: Wir haben tolle Autos für unsere Unternehmungen und Kühlschränke mit zig Sorten

Wurst, Käse und Eiscreme darin … Aber wir haben eben auch weniger saubere Luft. Die Städte leuchten die ganze Nacht über; das irritiert die Vögel, kostet also das Leben von Mitlebewesen, die die meisten Menschen gerne in ihrer Umgebung wissen; und den Sternenhimmel sieht man in Stadtnähe nicht. In jedem Supermarkt kann man Wurst kaufen, die fast so billig ist wie Blumenerde; aber das Grundwasser in den Landkreisen, in denen Deutschlands größte Tierfabriken stehen, ist so stark nitratbelastet, dass die Gemeinden immer tiefer bohren oder stärker aufbereiten müssen, um an Trinkwasser zu kommen.

Schließlich bezahlen wir vielen Luxus auch mit Zeit und Nerven: Ja, wir können uns jedes Jahr neu überlegen, was Gut-angezogen-Sein bedeutet; aber dafür müssen wir auch shoppen und diäten und planen und pflegen. Unsere Kinder waren bei Schuleintritt schon in einem halben Dutzend verschiedener Länder, beherrschen Hip-Hop und den Grundwortschatz von drei Sprachen; dafür führen wir fünf verschiedene Terminplaner an der Kühlschranktür und im Smartphone; die Kleinen haben kaum je Zeit, einfach mal irgendwo rumzuhocken, sich zu langweilen und Muster in den Wolken zu entdecken; und ausgerechnet die Sprache ihrer neuen Nachbarn sprechen sie vermutlich nicht.

Schließlich haben uns viele Maschinen und Geräte das Leben erleichtert, aber dann fällt uns auf, dass uns vom vielen Rumhocken an den arbeitserleichternden Geräten der Rücken schmerzt, und buchen uns im Fitnessstudio einen Platz an weiteren, diesmal die Bewegungen erschwerenden Geräten (und haben ein schlechtes Gewissen, weil wir zu selten hingehen).

Nun will ich natürlich nicht behaupten, dass ein nächtlicher

Sternenhimmel sämtlichen digitalen Freuden gleichkommt, dass Kinder nicht tanzen lernen oder dass wir die Waschmaschinen abschaffen und die Wäsche wieder im Fluss schrubben sollten wie das zur Vorweihnachtszeit im Fernsehen so beliebte Aschenbrödel; doch wir müssen uns darüber klar werden, dass wir eine unglaublich aufwendige Lebensweise pflegen, die nicht nur aufwendig ist in puncto Ressourcen und Energie – sondern auch für uns.

Insofern ist die Rede von »Verzicht« tatsächlich etwas irreführend, auch wenn jede Änderung einer als angenehm oder auch nur als »normal« empfundenen Lebensweise zunächst wie eine Anstrengung erscheint; vielleicht sollten wir aber umformulieren und nicht fragen, worauf wir verzichten, sondern, was wir wofür eintauschen. Und was die Dinge, die Güter, die Lebensumstände, Tätigkeiten oder Freuden sind, die wir wirklich in unserem Leben haben wollen und zu denen auch nachkommende Generationen Zugang haben sollten.

Tim Jackson, ein prominenter Kritiker der Wachstumsideologie, fasste das einmal sehr schön zusammen: »Auf einem endlichen Planeten ein gutes Leben zu führen kann weder darin bestehen, immer mehr Güter zu konsumieren, noch darin, immer mehr Schulden anzuhäufen. Denn wenn der Begriff des Wohlstands irgendeinen Sinn haben soll, dann muss er auf die Qualität unseres Lebens und unserer Beziehungen zu anderen Menschen zielen, auf die Anpassungsfähigkeit und Widerstandskraft unserer Gemeinschaften sowie auf unser Gefühl dafür, was uns individuell und kollektiv etwas bedeutet.«[27]

Ein Schlüssel dazu, dem Verzicht den bittern Beigeschmack zu nehmen, liegt daher auch in der Erkenntnis, dass Verzicht keine solitäre Angelegenheit und Entscheidung ist. Unsere Lebensweise, unsere Bedürfnisse, das, was wir genießen und brauchen und wovon wir träumen, sind von einer kulturellen Gemeinschaft geformt. Und wenn alle anderen mit über hundertvierzig Stundenkilometern durch die Gegend brausen, fällt es schwer, sich mit der Hälfte davon zu bescheiden, obwohl es immer noch unendlich mal schneller als sämtliche früheren Fortbewegungsarten der Menschheit und besser für Menschen, Tiere und Umwelt wäre. Wenn es üblich geworden ist, elektronische Gadgets zu Weihnachten zu verschenken, wirkt es knausrig bis lieblos, wenn man mit einem Taschenbuch für acht Euro fuffzig daherkommt, egal, wie sehr man die Lektüre empfehlen kann.

Es ist schwer, auf etwas zu verzichten oder etwas im eigenen Alltag zu ändern, was alle anderen besitzen oder so praktizieren. Allerdings bräuchten und wollten wir vieles sicher nicht, wenn die anderen nicht damit lebten. Gemeinsam entwickeln wir (»wir«, das heißt vor allem auch: Unternehmen, Werbung, Marketing) Moden und Bedürfnisse; gemeinsam werden wir von der Entwicklung weiterer elektronischer Geräte und Software in eine Spirale der Neuerungen eingesogen, in der wir mithalten müssen, weil sonst der Faden zu den anderen abreißen kann. Gemeinsam haben wir ein klammheimliches Wettbewerbsformat entstehen lassen, in dem man befürchten muss, abgehängt zu werden, wenn man nicht jährlich von einer Fernreise berichten kann. Doch wenn wir gemeinsam im Sommer hierblieben – was könnten wir vielleicht alles tun?

Ich hatte geschrieben, dass sich angesichts der ökologischen Probleme die Geister scheiden; die einen scheuen den Verzicht, den eine schonendere Lebensweise erfordern würde – und die anderen? Die anderen denken, dass wir das Überleben von Erde und Menschheit ohne Verzicht sichern können, mit neuen Energiequellen, fantastischen Recyclingmethoden und revolutionären Erfindungen – sozusagen mit dem ultimativen Öko-Multizweck-Antitsunami-Badetuch.

Ich glaube nicht an dieses Tuch – also daran, dass es je erfunden werden könnte. Zwei Umstände sprechen nämlich dagegen: Erstens die Erfahrungen mit all jenen anderen Erfindungen, dank derer angeblich sämtliche Probleme im betreffenden Sektor gelöst werden sollten, ob es genetisch veränderter Reis war oder Atomkraft. Und zweitens die Tatsache, dass alles, was wir recyceln oder neu produzieren, Energie kostet; egal, wie energiesparend es dann auch ist. Ohne Nebenkosten ist nichts zu haben.

Das lässt sich gut an einem weltweit recherchierten Buch der britischen Journalistin Gaia Vince ersehen.[28] Diese gehört zu denjenigen, die meinen, wir müssten vor dem Anthropozän keine Angst haben, also vor einem Zeitalter, in dem das einst Natürliche komplett abgelöst wird von Abläufen, die einzig der Mensch beeinflusst und steuert.

Der Klimawandel ist unausweichlich und unumkehrbar, dies ist die ernüchternde, aber realistische Prämisse von Vince. Daher bereiste sie zahlreiche Orte, an denen er bereits dramatische Folgen zeigt, und stellt in ihrem Buch Menschen vor, die vor Ort Lösungen gefunden haben, damit umzugehen. Dies sind Ausnahme- und Erfindertypen, die auf erstaunliche Ideen gekommen sind – zum Beispiel, der Dürre im Sommer vorzubeugen, indem man im Winter künstliche Gletscher gefrieren lässt. Mit Kühlungstechniken versuchen sie, die Erderwärmung auszugleichen, zum Beispiel durch einen entsprechenden Farbanstrich von Gebäuden oder mit riesigen Reflektoren.

Die Malediven, die Fläche durch den Anstieg des Meeresspiegels verloren haben und weiter verlieren werden, könnten aus dem Abfall der Touristen neues Land hinzugewinnen. Müllinseln im pazifischen Paradies – wieso nicht? Vermutlich hat Vince – die ich hier stellvertretend für die Anhänger*innen der Anthropozän-Idee vorstelle – recht, wenn sie schreibt, dass »nostalgische Gefühle« für ungezähmte und wild gewachsene Naturphänomene nicht weit tragen; vieles von dem, was Natur war, ist nun einmal verloren. Eine Insel aus Müll ist nicht unbedingt schlechter als eine aus Erde. Aber ihre Sammlung an Lösungen, so beeindruckend sie ist, irritiert nicht nur Nostalgiker*innen, sondern wirft auch die Frage auf, wie all das klimaneutral bewerkstelligt werden soll. Und erst im Epilog, der im Jahr 2100 spielt, löst die Autorin dieses Rätsel: Um 2050 wird es der Menschheit (in diesem Gedankenspiel) gelingen, Kernfusion zu nutzen. Anscheinend risikofrei und sauber.

Ja, das wäre natürlich fantastisch wie ein Perpetuum mobile: eine endlose Energiequelle ganz ohne Nebenwirkungen. Aber deren Existenz zur Grundlage einer Zukunftsvision zu machen, klingt nach einem Kredit, den keine Bank der Welt bewilligen würde. Genauso gut könnte man das Auftauchen eines Zauberspruchs prophezeien, der Insulaner*innen verspricht, Müll in echte Erde, und Wüstenbewohner*innen, Sand in Wasser zu verwandeln. Man kann natürlich darauf hoffen, dass Hermine Granger 2050 mit solch einem Zauberspruch auftauchen wird, aber darauf bauen würde ich nicht.

Ein Kritiker dieser Hoffnung auf das Anthropozän ist der Biologe Edward O. Wilson. Er meint, kurz gesagt, dass eine vom Menschen komplett regulierte Erde nicht am Leben bleiben kann.[29] Zu komplex sind die Abhängigkeiten der Spezies untereinander, undurchschaubar und unersetzlich ist das Wechselspiel der Organismen, denen der Planet Trinkwasser, Atemluft und fruchtbare Erde verdankt. Wilson plädiert sogar dafür, dass sich die Menschheit von einer Hälfte des Planeten zurückzieht, damit dort Spezies und Biosphären wachsen und ohne menschliche Eingriffe interagieren können, die imstande sind, das Zusammenspiel des Ganzen zu gewährleisten. Hier mag man einwenden, dass dies ja völlig unrealistisch sei – aber wenn der Mann nun mal glaubt, dass dies die einzige Lösung sei, wieso sollte er es nicht sagen? Und wissen wir denn, zu welchen kleineren und doch hilfreichen Kompromissen es uns bewegen kann, wenn jemand eine viel größere Lösung vorschlägt, die sich aber nicht umsetzen lässt?

Das Anthropozän jedenfalls, in dem der Mensch versucht, alles mit Technologien und Laborprodukten nachzubasteln wie in einem riesigen Raumschiff (das konventionell allerdings seine Ressourcen ebenfalls von der Erde mitnimmt), nennt Wilson ein »Eremozän, die Epoche der Einsamkeit«. An anderer Stelle hatte Wilson bereits die These vertreten, dass wir Menschen eine Spezies sind, die darauf angewiesen ist, mit anderen Spezies der irdischen Flora und Fauna zu leben.[30] Nicht nur aus materiellen, sondern auch aus ästhetischen oder psychologischen Gründen. Der Einwand gegen das Anthropozän hat also zwei Aspekte: Es funktioniert nicht; und nicht nur die Nostalgiker unter uns hätten gemischte Gefühle bei der Aussicht, darin zu leben.

Und was ist mit diesen anderen Spezies, an die Wilson erinnert – *wie* leben wir mit ihnen? Ich hatte bereits erwähnt, dass eine ökologisch verträglichere Lebensweise, die zudem allen Menschen die Chance auf ein gutes Leben auf diesem Planeten bietet, damit einhergehen muss, dass wir keine Produkte tierischen Ursprungs konsumieren. Die Verfütterung von Getreide und Hülsenfrüchten an Masttiere ist, ernährungsphysiologisch gesehen, ein ganz schöner Umweg. Im Schnitt ergeben sieben Kalorien, die an Pflanzennahrung eingespeist werden, eine Kalorie, die übers Fleisch der Tiere von Menschen verzehrt werden kann. Dies bedeutet eine gewaltige Verschwendung an Land, auf dem das Futter angebaut wird; an Wasser, mit dem es bewässert, mit dem die Tiere getränkt und ihre Ställe gereinigt werden; an Energie, mit der der Anbau und die Ställe betrieben, die Futtermittel von anderen Kontinenten herbeigeschippert und schließlich die Tiere von der Aufzucht in den Stall und vom Stall in den Schlachthof transportiert werden.

Darum haben auch sämtliche großen Umweltorganisationen der Welt bereits dazu aufgerufen, den Verzehr tierischer Produkte zu senken, um die Umwelt zu schonen und Ackerfrüchte zu sparen. Heute gibt es Weltgegenden, die Getreide als Viehfutter in industrialisierte Länder exportieren, während die Bewohner eben dieser Gegenden nicht genügend Getreide für den eigenen Verzehr zur Verfügung haben. Dahingegen könnten geschätzte zwei bis drei Milliarden zusätzliche menschliche Erdenbewohner satt werden, wenn sich die Menschheit für eine pflanzliche Ernährungsweise entscheiden würde.[31]

Doch bei allem Nutzen für die Umwelt und das menschliche Überleben: Wir sollten das Recht der Tiere auf Leben und Freiheit auch um ihrer selbst willen achten. Tiere sind empfindungsfähige, erlebensfähige und »eigen-willige« Individuen;[32] auch sie müssen Gegenstand moralischer und politischer Verantwortung werden; und auch auf sie lässt sich Lessenichs Begriff der Externalisierung anwenden.

Dabei fällt zunächst eine eher symbolische Ebene ins Auge: In weiten Teilen unseres Mensch-Tier-Verhältnisses dient das Tier als Platzhalter, Projektionsfläche oder eben Externalisierungsobjekt für »Natur«. Der Hamster in seinem mit Plastik ausgestatteten Käfig soll »Leben« ins Haus bringen, und der hochgezüchtete Rassehund soll Menschen animieren, mehr Zeit an der frischen Luft zu verbringen.

Auch als Grund fürs Fleischessen hört man oft die Bemerkung, dies sei »natürlich« – geäußert von Leuten, die ihr Fleisch im Supermarkt erwerben, es mit Autos nach Hause fahren und auf Induktionsherden zubereiten, ist diese Begründung etwas verblüffend. Der Genpool der Tiere, von denen das Fleisch stammt, wurde per Computer optimiert und die Zusammensetzung ihres Futters in Laboren kalkuliert; sie lebten in Fabrikhallen, wurden auf Fließbändern in diese hineintransportiert und auf eben solchen später der Schlachtung zugeführt ... Eigentlich sind gerade diese Lebewesen in extremer Form unserer Industrie, Technik und unserem Machbarkeitsdenken unterworfen. Dennoch projizieren wir genau auf sie unsere Sehnsucht nach Natur, die es als »unberührte« Natur nirgendwo auf dem Planeten mehr gibt; auch dies ist eine Form von Externalisierung.

Und ganz wörtlich schließlich wenden wir die von Lessenich umformulierte »goldene Regel« – »Was du nicht willst, das man dir tu, das füg halt einem anderen zu« – in Tierversuchen an. An den Affen, Ratten, Fischen, Schafen und Hunden im Labor werden genau die Krankheiten, Schmerzen, Angstzustände, Depressionen, Lähmungen etc. erforscht, die wir selbst für so unerträglich halten, dass wir sie medizinisch abzuschaffen wünschen. Wir benutzen unsere seit Darwin unbestreitbare Verwandtschaft mit ihnen – und verleugnen diese Verwandtschaft zugleich, um unsere Grausamkeiten zu rechtfertigen. Wenn allerdings die Depression einer Laborratte nicht in entscheidender Hinsicht der unseren ähnlich wäre, würde man an ihr nicht das Alkoholkonsumverhalten von Depressiven untersuchen wollen. Wenn es für ein Katzenbaby nicht eine bedeutsame Beeinträchtigung darstellen würde, die Sehnerven durchtrennt oder die Augenlider zugenäht zu bekommen, würden wir an ihm nicht untersuchen, wie sich die neuronalen Schaltungen im Fall ausgefallener Sehnerven entwickeln. Alles »Grundlagenforschung«, die uns etwas über den Menschen verraten soll. Doch weil man Menschen (zum Glück) nicht als Versuchsobjekte missbrauchen darf, bürden wir die Last solcher Schmerzen und Beeinträchtigungen (zu ihrem Unglück) den Tieren auf.

Bisweilen reagieren Menschen etwas unwirsch darauf, wenn ich, wie in diesem Kapitel, von den menschlichen Opfern der Globalisierung so nahtlos zu den Tieren übergehe; doch es ist mir wichtig zu betonen: Die Geringschätzung und Ausbeutung anderer Menschen und die Geringschätzung und Ausbeutung von Tieren sind nicht nur ähnliche, sondern vollkommen analoge Phänomene. Speziell die oft geäußerte Befürchtung, man könne mit der Erwähnung der Tiere die Leiden der Menschen trivialisieren oder gar vergessen, ist unberechtigt (wie zuletzt der hohe Anteil von Veganer*innen bei den »Gutmenschen« im Herbst 2015 gezeigt hat). Eher ist die gegenteilige Wechselwirkung zwar nicht zwingend, aber naheliegend: Wer die willkürliche Grenzziehung zwischen »uns« und »denen« in einem Bereich infrage zu stellen gelernt hat, erkennt (hoffentlich) auch das Vorhandensein solcher Grenzen und Distanzierungsbemühungen in anderen Gebieten.

Und genau darum geht es mir: auf den allgemeinen Mechanismus aufmerksam zu machen, dass wir um unserer Profite oder des gewohnten Lebenswandels willen andere Subjekte in ein »Außen« verschieben, damit unser ethisch problematisches Verhältnis zu ihnen zwar nicht gänzlich entschärft wird, aber zumindest in einer Art Graubereich landet. So würde niemand sagen, dass die Armut und Rechtlosigkeit von zum Beispiel Arbeiterinnen in südostasiatischen Textilfabriken nicht schockierend sei und uns hier nichts angehe – aber es scheint uns eben weniger stark zu betreffen, als es bei hiesigen Arbeiterinnen der Fall wäre. Sie sind weit weg, das sind andere Länder, und »man kann halt nichts tun«. Ebenso wenig würde irgendwer behaupten, dass es egal sei, wie Tiere für unseren Fleischkonsum leiden – aber sie sind anders als wir, sie sind eine unterlegene Spezies, und »man kann halt nichts tun«.

Ähnlich wie bei der globalen Ungerechtigkeit haben wir auch bei der Ausbeutung der Tiere schon länger das Stadium der Unschuld hinter uns gelassen, schieben die Konsequenzen aber auf die lange Bank, solange es geht. Viele Menschen haben eine bestimmte Form von schlechtem Gewissen etabliert (»esse nur ganz selten Fleisch«, »nur bio« etc.) und sich daran gewöhnt, damit zu leben. Die Funktion eines Mahners kann ein solches Gewissen nicht mehr erfüllen, es ist eher eine Art Dauergast geworden, der vor sich hin mault, dem niemand so recht zuhört und den man doch nie ganz loswird. Davon allerdings hat niemand etwas. Ein schlechtes Gewissen kann ein Impuls sein, etwas zu tun oder zu verändern; aber wenn es erst einmal in den chronischen Zustand übergegangen und halbwegs ruhiggestellt worden ist, ist es auch ein recht akzeptables Ruhekissen.

Dabei eröffnet die Diagnose Externalisierung gleichzeitig eine Möglichkeit der Therapie: Sobald sie erkannt werden, sind Externalisierungen rückgängig zu machen. Diese Konsequenz ist implizit in der Diagnose enthalten, weil sie ja besagt, dass der externalisierte Inhalt *fälschlicherweise* anderswo angesiedelt wurde, und sie gilt für psychologische, symbolische und politische Externalisierungen gleichermaßen. Im psychologischen Kontext mag das neurotische Subjekt den Moment der Wahrheit noch eine Weile hinauszögern wollen und dürfen, zumal es schließlich selbst der oder die Hauptleidtragende ist; wer die Lösung eines selbstgemachten Problems nicht bei sich, sondern bei anderen sucht, wird sie nicht finden. In politischen Kontexten hingegen existieren andere Menschen oder Lebewesen, auf die wir real Leid, Schmerz, Ängste und Ungerechtigkeiten abladen.

An solch einer Externalisierung festzuhalten ist keine vernünftige Option. Gerade wenn uns alles so altbekannt vorkommt: Wann fangen wir an, unser Wissen um all diese Ungerechtigkeit produktiv zu wenden? So, dass das immer gleiche Entsetzen während der Fernsehnachrichten endlich dazu führt, dass wir etwas gegen seine Ursachen unternehmen, im Rahmen unserer Möglichkeiten und Kräfte. So, dass wir die Externalisierungen zurücknehmen, von denen die Rede war, und die Grenzen aufgeben oder einreißen, mit denen wir »uns« vor »ihnen«, ihrer Not und ihren Ansprüchen schützen.

Es gibt so viele Gründe, das dösende schlechte Gewissen doch noch einmal richtig wachzurütteln (und etwas zu unternehmen, damit es irgendwann auch einmal richtig ausschlafen kann) ... Dabei treffen sich sowohl bei Flüchtlingskrise und globaler Ungerechtigkeit, mit denen dieses Kapitel begann, als auch bei der Ausbeutung der Tiere moralische Gründe mit Gründen der eigennützigen Klugheit. Auch uns menschliche Bewohner*innen der reichen Industrieländer, die wir uns so lange sicher fühlten, beginnen die ökologischen Folgen des Raubbaus an der Südhalbkugel und der Ausbeutung der Tiere einzuholen; das sollte uns motivieren, den Status quo in beiden Bereichen grundlegend zu verändern. Nicht irgendwann mal, vielleicht, hypothetisch und in homöopathischen Dosen, sondern tatsächlich, grundlegend, durchschlagend – jetzt!

Diese Kombination von Moral und Eigennutz ist, philosophisch gesehen, bemerkenswert. Oftmals nämlich scheint moralisch richtig genau das zu sein, was dem Eigennutz widerstrebt und an die Rechte der anderen erinnert. Hier aber scheinen die Rechte der anderen und die Zukunft der einen irgendwie verwoben.

Nochmals: Das liegt vermutlich daran, dass wir eine gemeinsame Welt bevölkern. Zwar ist das Glück des einen nicht identisch mit dem der anderen; aber was, wenn sie auch nicht ganz zu trennen sind?

4

ETHIK ALS VERBUNDENHEIT

Im ersten Kapitel habe ich Einwände und Abwehrmechanismen gegen Gutmenschen Revue passieren lassen, im zweiten habe ich einige Geschichten vom Guten erzählt. Anschließend habe ich gefordert, dass wir, um die Probleme der globalen Ungerechtigkeit, des Klimawandels und der Tierausbeutung zu lösen, viel grundsätzlichere Veränderungen anschieben sollten als bisher.

Nun habe ich die Befürchtung, ich könnte den Vertrauensvorschuss der Leser*innen aufgebraucht haben; wer schon als Gutmenschen-Skeptiker*in mit der Lektüre angefangen hat, wird vermutlich langsam ungeduldig. Denn ich habe zwar eingangs behauptet, mir sei durchaus bewusst, dass Moral auch eine unangenehme Seite annehmen könne; aber dann habe ich doch vornehmlich jenen widersprochen, die die Moralisten Naivlinge oder Rigoristen schimpfen. Letztlich lief es darauf hinaus zu sagen: Wir sollten gut sein und dann noch besser werden. Oder?

Ja, vielleicht. Aber ob sich daraus ein beklemmendes Gutmenschen-Szenario ergibt, in dem gleichsam eine Gruppe moralischer Rigoristen die Normalbevölkerung mit der Peitsche in Richtung moralischer Utopie treibt, hängt davon ab, wie »gut« und »besser« konnotiert sind. Es kommt ganz darauf an, welches Verständnis von Ethik und welche Assoziationen wir dazu haben. Und ich fürchte, wir haben meist einen viel zu strengen Tonfall im Ohr, wenn wir über das Gute nachdenken. An einigen Beispielen möchte ich in diesem Kapitel zeigen: Die rigoristische Peitsche ist zum großen Teil selbst gemacht, weil wir Moral oft viel autoritärer auffassen, als es sein müsste oder sollte.

Mit müssen und sollen sind bereits die heikelsten Wörter gefallen; viele Menschen zucken zurück, wenn sie Sätze lesen, in denen diese beiden Wörter vorkommen. Vor allem, wenn sie von einem Menschen zum anderen gesprochen werden, klingen sie wie eine Zumutung. »Willst du mir etwa sagen, was ich tun muss/soll?« – Doch vielleicht ist genau diese Reaktion verfrüht.

Die Wörter »müssen« und »sollen« (ich werfe sie hier in einen Topf, weil das Problem sie beide betrifft) berufen sich immer auf etwas Drittes, das ihnen Autorität verleiht. Entweder gibt es einen Zweck, der erklärt, *wozu* das Geforderte angeblich unerlässlich sein soll; oder es existiert jemand, der spricht und die Forderung aufstellt. Zum Beispiel gibt es eine nicht-ethische, instrumentelle Verwendung: »Du musst/sollst zuerst diesen Griff da nach rechts drehen, bevor Wasser aus dem Hahn läuft.« Dies ist eine Empfehlung zum Erreichen eines profanen Zwecks, den ich ohnehin gerade verfolge – die Sache mit dem Wasserhahn.

Dort, wo der Bezug von *müssen* und *sollen* nicht direkt miterwähnt wird, wird es schwieriger. Es kann relevant sein, von wem der entsprechende Aufruf kommt: »Du sollst nicht töten!«, oder: »Du sollst doch zuerst deine Schularbeiten machen, hab ich gesagt!« Spricht hier etwa Gott? Oder eventuell Mama oder Papa, bereits auf Alarmstufe Rot? Alle drei haben mächtige Strafen in der Hinterhand. Bei Nichtbefolgung droht Schaden, und für die angesprochene Person steht etwas auf dem Spiel. Diese Art von Imperativen ist, in größeren oder kleineren Dosen, mit Angst verknüpft.

Manchmal lässt sich das pädagogische, soziale oder politische Arbeiten mit Angst nicht vermeiden; aber der Königsweg zu einem verträglichen Miteinander ist es nicht. Doch genau dieses mit Angst, Strafen und Autoritäten verbundene ethische Denken beherrscht meist unser Reden über Moral; es aktiviert Abwehrimpulse, weil sich das angesprochene Individuum gegen die Zumutungen dieser Forderungen und gegen die angedrohten Strafen schützen will.

Vielleicht ist dieses Missverständnis dem Umstand geschuldet, dass die meisten von uns als Kinder auch mittels Strafen erzogen wurden; und ein Gutteil der klassischen Moralkritik ist auch eine Antwort auf jene Zeiten, in denen es noch viel autoritärer als heute zuging. Von all diesen Formen gibt es, wie wir seit Freud wissen, eine sozusagen internalisierte Variante: Wir stellen uns vor, dass unser Über-Ich die strenge Stimme jenes Gottes oder eines Elternteils übernommen hat. Das Über-Ich »hält uns eine Standpauke«, es geht streng »mit uns ins Gericht«, und wir fühlen uns in die Ecke gedrängt.

Aber dies muss nicht zwangsläufig so sein, sondern ist auch eine Frage des Selbstverhältnisses. Wir müssen diese imaginierte strenge Stimme, aus welchem Teil unserer mentalen Welt sie auch stammen mag, nicht noch mit einem Megafon und einer imaginären Peitsche ausstatten. Stattdessen sollten wir ein harmonischeres Verständnis von Moral erproben.

Es sei daran erinnert, dass ich mit Moral, Ethik und Gut-Sein jeweils dasselbe meine: dass wir so handeln wollen, wie es mit anderen verträglich ist; versuchen, unser Leben auch danach auszurichten, was andere wollen und brauchen. Gemeint ist damit jedoch nicht ein System oder ein festes Set von Regeln oder Imperativen, das jenen, die davon abweichen, mit Strafe droht.

Gotthold Ephraim Lessing schrieb in seinem Werk *Die Erziehung des Menschengeschlechts* über die Religion, dass die Menschheit etappenweise von einem eher naiven Kinderglauben à la: »Da oben sitzt einer und schickt Blitze runter, wenn er sauer ist«, zu einem moralisch verfassten Humanismus übergehe beziehungsweise übergehen solle. In diesem Bild hatte Gott zwar noch Platz, aber er wurde nicht mehr als Drohinstanz für das Sollen der Moral gebraucht. Die moralische Instanz wurde allmählich internalisiert, ebenso wie wir es wenige Jahre später in den philosophischen Schriften Immanuel Kants ausgeführt finden.

In Bezug auf die Religion liest sich dies für uns Heutige, die meist nicht mehr im buchstäblichen Sinne an die Hölle glauben (falls überhaupt), recht versöhnlich: Das Höllenfeuer ist raus aus dem Szenario. Doch ehrlich gesagt: Was nicht das Gottesbild, sondern die Moral angeht, scheint auch in diesem aufklärerischen Konzept noch zu viel Autorität und Angstmacherei am Werk. Die Internalisierung der Autorität hat ihr nichts an Schärfe genommen – vielleicht sogar im Gegenteil! Denn wenn es nicht mehr die Hölle ist, die bei unmoralischem Handeln ins Haus steht, ist es in dem Internalisierungs-Modell etwas, das noch näher am Handelnden, näher an seinem Zentrum und dem Kern seines Ichs angesiedelt ist und dieses bei Verfehlungen auch entsprechend grundsätzlich infrage stellt.

Schließlich wurde sowohl durch die Aufklärung als auch durch die Internalisierung die Moralität untrennbar mit dem Menschsein, mit der Vernunft und dem Selbst verknüpft. Das ist zwar nicht falsch, aber auch nicht ganz richtig. Es kommt sozusagen auf die damit implizierte Fallhöhe an, und die wurde mit der Verlagerung vom Außen ins Innen zu hoch angesetzt. Obwohl dies ursprünglich emanzipativ gemeint war, »zwingt« uns jetzt die Vernunft fast, moralisch zu handeln – aber was, wenn halt nicht? Was, wenn wir uns ihrem Zwang widersetzen? Indem das Moralische so stark aufgeladen wurde, wurde das Individuum zwar einerseits von den kollektiven Fesseln sittlicher Bestimmungen befreit; andererseits aber stehen und fallen nun – vermeintlich – der Wert und die Würde der ganzen Person mit ihrem ethischen Verhalten.

Es versteht sich hoffentlich von selbst, dass ich nicht dafür plädieren will, die Höllendrohung wiedereinzuführen; und auch die Befreiung des Moralischen vom Konventionell-Sittlichen und seine Anbindung an die Vernunft sind nicht nur unumkehrbar, sondern natürlich ein Gewinn. Aber die Emanzipation des moralischen Subjekts ist damit eben noch nicht am Ende; das Echo der Rauschebart-Autoritäten hallt noch zu laut wider, und wir lassen uns dadurch unnötig einschüchtern.

Zum Beispiel haben wir uns angewöhnt, ethische Urteile als Urteile über gesamte Personen auszusprechen oder misszuverstehen, so, als ob wir vor dem Jüngsten Gericht stünden. Kritik oder Zweifel an einem bestimmten Verhalten werden oft als Kritik oder Infragestellung des betreffenden Menschen insgesamt geäußert und dementsprechend empfindlich aufgenommen. Doch Urteile über Handlungen sind nicht dasselbe wie Urteile über Menschen; und sogar Urteile über Menschen sind keine absoluten Urteile über den gesamten Menschen! Genau besehen, sind Urteile über den gesamten Menschen in den meisten Situationen gar nicht möglich, nicht zulässig oder nicht relevant. Und leider bringen sie das Gespräch sofort auf jene Schiene, von der im ersten Kapitel viel die Rede war: Es geht um Konkurrenz und Abwertung und Angriff und Verteidigung.

Wer dies für übertrieben hält, möge bitte einmal mitkommen, wenn ich einen Vortrag über Tierrechte halte. Es wird immer einige Fleischesser*innen im Publikum geben, die durch das Gehörte irritiert sind; und etliche von ihnen werden, mit unterschiedlich stark aggressivem Unterton, fragen, ob daraus nun folge, dass sie »schlechte Menschen« seien. Was sie nicht sein wollen und auch bestimmt nicht sind. Obwohl – woher soll ich das wissen? Ich kenne sie doch gar nicht. Wenn wir über ein bestimmtes Verhalten sprechen, betrachten wir nur einen winzigen Aspekt dieses Menschen. Es müssen schon wirklich viele negative Erfahrungen zusammenkommen, bis man über jemanden sagt: »Der ist wirklich ein übler Kerl.« Diese Diskussionsteilnehmer*innen jedoch befürchten allein durch die Eröffnung eines ethischen Feldes, über das sie bisher nicht so viel nachgedacht haben, die Abwertung ihrer gesamten Person; und bis diese Angst nicht ausgeräumt ist, blockiert sie jedes weitere Gespräch.

Wenn wir moralische Urteile jedoch nicht als Urteile über andere Menschen im Ganzen verstehen und wenn es uns gelingen würde, den Beiklang des Absoluten in unseren Urteilen über andere herunterzudimmen auf die Dimension fehlbarer, aber sich bemühender Menschen – dann gelingen uns vielleicht ethische Diskussionen, die zwar viel Dissens offenbaren, aber auch Zuhören ermöglichen und nicht nur Abwehr.

Dabei muss es auch einen Weg geben, tatsächlich einmal ein negatives Urteil zu fällen – nicht über die gesamte Person, aber über eine ihre Handlungen. Oft wird solche Kritik in Form eines Vorwurfs geäußert; allerdings hat der Vorwurf, analog zu dem Gutmenschen, inzwischen einen sehr schlechten Leumund. Meist steht derjenige, der den Vorwurf ausspricht, wie ein übler Zeitgenosse da, ganz gleich, was er dem anderen zur Last legt und wie fragwürdig dessen Handlung vielleicht war. An mediale Diskussionen um rassistische oder sexistische Vorfälle zum Beispiel schließt sich oft ein regelrechtes Pingpong an, wobei die kritisierende Seite wiederum für ihre Kritik kritisiert wird; darüber lässt sich sehr lange streiten, ohne dass das zunächst angesprochene Problem diskutiert oder gar gelöst wird.

Und auch im Privaten ist der Ruf des Vorwurfs inzwischen auf den einer Ohrfeige oder von K.-o.-Tropfen gesunken, als ob es sich also um eine Art Körperverletzung oder jedenfalls Grobheit handele. Ich finde das höchst unglücklich. Natürlich kommt es auf den Tonfall an; Generalisierungen, die entweder ein »Immer« suggerieren (»Nie rufst du an!«) oder sich auf die ganze Person beziehen (»Du Egoist«), sind natürlich sowohl im privaten Miteinander als auch im öffentlichen Diskurs zu vermeiden. An einem höflichen, respektvollen und nicht unnötig überzogenen Vorwurf jedoch ist nichts Schlimmes. Reife Menschen können mit Vorwürfen umgehen und wissen, dass sie nicht das Ende der Welt bedeuten. »Wir hatten das und das ausgemacht, du hast dich nicht daran gehalten, ich bin sauer.« Punkt. Oder: »Von einem anständigen Menschen erwarte ich, dass er dieses oder jenes nicht tut; du hast es getan; jetzt erklär dich mal.«

Auch dies heißt nicht, dass der oder die andere rundherum und gänzlich unanständig ist. Es heißt nur, an ein Bild vom »anständigen Menschen« zu erinnern, das uns gemeinsam ist. Es bedeutet, dass hier eine Erwartung nicht erfüllt wurde, die im ethischen Kontext nun mal die Form gemeinsamer Normen und Verhaltensweisen annimmt. Es kann allerdings auch sein, dass der andere gute Gründe hatte, hier vom üblichen Kurs abzuweichen; jetzt erhält er oder sie Gelegenheit, sich zu erklären. Über solche Dinge zu reden ist das, was wir als soziale und vernunftbegabte Menschen nun einmal tun. Voneinander nichts zu erwarten, das hingegen wäre etwas Schreckliches.

Wir brauchen das Reden über das ethisch Gute schon allein, um herauszufinden, *was* eigentlich gut ist und wie wir uns überhaupt verhalten sollten. Diese Welt ist unglaublich verwirrend, und mit der Globalisierung und der Zunahme unserer Handlungsoptionen ist das Manövrieren in ihr nicht gerade einfacher geworden. An der hiesigen Uni gibt es einen Kurs für Flüchtlingshelfer: Wie man Mülltrennung nahebringt. Ist das Bevormundung, schlicht lächerlich oder Integration? (Dieses Beispiel ist nicht erfunden!) Ein Nachbar ist wieder im Krankenhaus; sollen wir auf einen Besuch vorbeigehen – oder lieber nicht, weil ihm seine chronische Krankheit peinlich ist? Ich würde gerne eine Putzhilfe einstellen; ist es Ausbeutung, wenn ich andere Frauen bei mir putzen lasse, oder ist es im Gegenteil Unterstützung, solange ich sie gut bezahle? Was mache ich, wenn sie keinen Minijob akzeptieren will – welche Erfahrungen haben andere damit gemacht?

Fürs ethische Alltagshandeln finden wir keine Bedienungsanleitung im Handschuhfach, das ist *learning by doing*. Aber eben über weite Strecken: gemeinsam. Darum wäre ich sehr dafür, die Rauschebart-Assoziation der Moral endlich hinter uns zu lassen und das Argumentieren mit Wörtern wie »müssen«, »sollen«, »gut« und »schlecht« als Vorschläge dafür anzusehen, was für eine Gesellschaft wir aufbauen wollen und welche Form der Umgang miteinander und mit der belebten und unbelebten Natur annehmen sollte.

In vielen Punkten wird es Dissens geben, und je nachdem, worum – oder: um wie viel – es geht, wird das gelegentlich auch bitter. Doch erinnern wir uns an das erste Kapitel, wo ich die Beobachtung des Moralpsychologen Monin wiedergegeben habe, der meint, moralische Fehler aufgezeigt zu bekommen, sei für unser Selbstbild meist noch kränkender als die Konfrontation mit anderen Makeln. Daraus kann man auch etwas Positives folgern: Moral ist wichtig! Für uns, unser Selbstbild, unser Zusammenleben. Dafür gibt es gewiss auch evolutionäre Gründe, aber das ist jetzt nicht das Zentrale. Sich nicht mehr an moralische Diskussionen oder Handlungen heranzuwagen aus Angst, dass wir Erwartungen nicht genügen oder es nicht perfekt hinkriegen oder es sogar wieder und wieder gar nicht hinkriegen, geht von einem statischen Modell des Menschen aus und übersieht, dass wir uns entwickeln und lernen. Und Fehler machen. Wenn uns jemand dabei überrascht, wie wir beim Abwasch ziemlich schief ein Lied pfeifen, geben wir auch nicht die Musik auf. Moral und Musik, Arbeit und Liebe – da kann ständig viel schiefgehen. Es wird dann eben wieder versucht und gehört nun einmal zum menschlichen Leben.

Ich möchte an dieser Stelle kurz einschieben, dass ich hier natürlich nicht als eine Person schreibe, die all das Vorgeschlagene bereits beherzigt. Idealerweise würde man ja immer, wenn jemand anders Kritik äußert, mit einem fröhlichen »Danke für den Hinweis!« antworten. Jede Kritik eröffnet die Möglichkeit, etwas dazuzulernen, an sich zu arbeiten, sich zu entwickeln und zu verbessern – also all die schönen Dinge, die ich oben angesprochen habe.

Meiner Erfahrung nach reagiert man nicht so. Ich jedenfalls nicht und auch kaum ein anderer. Die »schönen Dinge« wirken auf den ersten Blick nun mal nicht schön, sondern stellen uns infrage, und wir fahren die Krallen zur Verteidigung aus. Als Erwachsener hat man zwar meist gelernt, wenigstens nicht eingeschnappt dabei zu klingen, wenn man sich die Dankesfloskel herauspresst; aber ob man Dankbarkeit tatsächlich fühlt, ist eine andere Frage. Im ersten Moment steht uns unser Ego im Weg und muss erst mal aufjaulen, sich winden, seinen Stolz runterschlucken; doch mehr dazu später.

Davor möchte ich noch zwei weiteren Irrtümern oder Fehlauffassungen über »Sollen« und »Müssen« nachspüren, die den Diskurs über das Gute erschweren. Das erste Problem damit entstand also durch die implizite Strafandrohung und das Echo des Rauschebarts; ein weiteres wird durch die alte Debatte um Egoismus versus Altruismus getriggert. In dieser Diskussion geht es darum, ob es wahrhaft altruistische, also uneigennützige Handlungen gibt – oder ob nicht letztlich alles aus irgendeiner Form von Eigennutz heraus geschieht?

Die Wurzeln für diese Frage sind vermutlich ebenfalls in der neuzeitlichen Entwicklung zu finden, den Menschen immer weniger als Gottes- denn als Vernunftgeschöpf anzusehen. Larissa MacFarquhar, eine Redakteurin des *New Yorker* und Autorin eines fantastischen Buches mit Reportagen über ganz außergewöhnliche *do-gooder*, schreibt pointiert: »Paradoxerweise wurde der Altruismus immer verdächtiger, je altruistischer er wurde.«[33] Das ist vielleicht eine analoge Entwicklung zu der problematischen Konsequenz der Internalisierung, die ich bereits ansprach; jedenfalls meint MacFarquhar, sobald Gottes Höllenandrohung weggefallen sei, sei den nun säkularen Wissenschaften vollkommen rätselhaft geworden, warum jemand überhaupt gut sein sollte. Darwin und Freud hätten schließlich dafür gesorgt, dass Altruismus über weite Strecken des 20. Jahrhunderts in den Humanwissenschaften mit großer Skepsis betrachtet wurde, »verstanden als eine Form von verstecktem Eigennutz«.[34] Von hier führt ein direkter und sehr kurzer Weg zu jener Form der *do-gooder derogation*, die der Moralpsychologe Monin als Erstes beschrieb: Die Motive der wohltätigen Person werden infrage gestellt.

Wenn sich beispielsweise jemand beim Gemeindetreff freiwillig für ein Projekt der Obdachlosenhilfe meldet, tut er oder sie das wirklich, um zu helfen – oder sucht er Lob und Anerkennung oder fürchtet sozialen Ausschluss, wenn er nicht mitmacht? Könnte es sein, dass die hilfsbereite Person von schlechtem Gewissen ob dieser im Stadtbild so sichtbaren Ungerechtigkeit getrieben wird und etwas tun will, um nicht ständig davon geplagt zu werden – sucht sie also eigentlich mehr Seelenruhe für sich selbst, will sich vor Mit-Leid und Traurigkeit schützen?

Man sieht, es lässt sich irgendwie alles und jedes Motiv zu einem Merkmal von Eigennutz umdefinieren, und zwar – auch hier hat MacFarquhar recht: paradoxerweise – umso stärker, je mehr Anteilnahme man einer Person unterstellt. Denn sobald der oder die Handelnde das Gut-Sein als Teil ihrer Persönlichkeit begreift, kann man unterstellen, sie tue Gutes um ihrer Persönlichkeit willen. Sobald ihr Gewissen oder ihre Fähigkeit zum Mitgefühl ausgeprägt sind, folgert man, sie möchte ihre eigene Stimmung verbessern.

Statt die der anderen. Dieses »Statt« ist entscheidend, weil die obigen Fragen und Unterstellungen eine Ausschließlichkeit suggerieren; das bringt die extreme Polarisierung der Egoismus-Altruismus-Debatte mit sich. Doch diese Ausschließlichkeit besteht nicht wirklich; gutes Verhalten *für* einen anderen ist darum nicht automatisch Verhalten *gegen* einen selbst oder die eigenen Wünsche.

Im allgemeinen Bildungsgut wird der Ursprung dieser irrigen Auffassung meist Immanuel Kant zugeschrieben, dessen Lob der Pflicht auf Kosten der Neigung schon Schiller seine bekannten Distichen entgegenhielt: »Gerne dien' ich den Freunden, doch thu' ich es leider mit Neigung, / Und so wurmt es mir oft, daß ich nicht tugendhaft bin. // Da ist kein anderer Rat, du mußt suchen, sie zu verachten, / Und mit Abscheu alsdann thun, wie die Pflicht dir gebeut.« Tatsächlich finden sich in Kants *Grundlegung zur Metaphysik der Sitten* Sätze, die nahelegen, moralisch könne nur die Handlung sein, die eben nicht aus Neigung, *sondern* aus Pflichtgefühl getan werde.³⁵

Nach Ansicht des Kollegen Uwe Justus Wenzel hingegen war es »für Kant (...) gar nichts Verwerfliches, ›mit‹ Neigung oder selbst sogar ›aus‹ Neigung zu handeln. Unmoralisch verhält sich erst, wer der Neigung einen bestimmenden Einfluss auf seine Maximen eröffnet und damit die Achtung für das Sittengesetz als ›reines‹ Motiv moralischen Handelns einer ›sinnlichen‹ Triebfeder unterordnet (...).«³⁶

War es also Kant, der uns geringschätzen ließ, dass ein Freund dem anderen (oft) gerne beisteht, oder haben erst, wie MacFarquhar nahelegt, Darwin und Freud den Keil zwischen Egoismus und Altruismus getrieben?

Wie auch immer er hineinkam, wir müssen ihn da wieder herausziehen. Wir können uns daran erinnern, dass das Eigene und das andere nicht so streng geschieden sind – ja, dass auch wir Menschen nicht so stark voneinander getrennt sind, wie es die Gegenüberstellung von Egoismus und Altruismus suggeriert.

Damit verwandt ist eine weitere, dritte Diskussion, die die Angst vor der Moral unnötig ins Kraut schießen lässt und die in der akademischen Philosophie die Frage nach der »Letztbegründung« genannt wird. Sie trägt die Skepsis gegenüber dem Guten bereits in sich und fragt: Warum sollen wir (überhaupt) moralisch sein? Ausgangspunkt dabei ist implizit das Bild eines Menschen, der völlig autark und von Mit-Gefühlen jeder Art unbeleckt vor sich hin werkelt und davon überzeugt werden soll, das Wohl und Wehe anderer neuerdings doch mitzubedenken. Eine ähnliche Frage hatte bereits frühneuzeitliche Theoretiker wie Thomas Hobbes bewegt, die überlegten: Warum und mithilfe welcher Übereinkünfte tun sich Menschen eigentlich zu Gesellschaften zusammen?

Zwar gibt es Soziopathen (im klinischen Sinne, nicht als Schimpfwort), denen der Sinn für den anderen gänzlich abgeht. Aber die allermeisten Menschen wissen, was Ethik, Güte und Fürsorge sind – schon allein, weil keiner von uns auf der Welt wäre, wenn wir sie nicht jahrelang erfahren hätten. Jede*r von uns wurde in seinen ersten Tagen, Wochen, Monaten und Jahren genährt, gewärmt, bekleidet, gesäubert und hoffentlich auch geliebt. Insbesondere feministische Ethikerinnen haben daher gegen die Letztbegründungslust der Mainstream-Philosophie eingewandt, dass diese nur einen sehr geringen Ausschnitt vom Menschen in den Blick nehme, nämlich die Perspektive eines gesunden, autarken Erwachsenen, der sich zumindest einbilden kann, er würde es allein durchs Leben schaffen. Doch menschliches Leben beginnt nicht so, und auch als Erwachsene bleiben wir in vielfacher Hinsicht angewiesen auf andere. Autarkie und Beziehungslosigkeit sind kein zentrales Charakteristikum der Conditio humana, sondern Zugewandtheit, Fürsorge und Verbundenheit lassen uns zu denen werden und die sein, die wir sind.

Der vereinzelte, vermeintlich unabhängige Mensch ist eigentlich der prototypische Akteur der kapitalistischen Marktwirtschaft; um Verträge abzuschließen, kann er mit anderen in Beziehung treten oder halt nicht. Zu diesem Menschenbild fand eine der prominentesten Vertreterinnen der feministischen Ethik, Seyla Benhabib, in der frühneuzeitlichen Philosophie ein aufschlussreiches Bild. Thomas Hobbes, der einflussreiche Naturrechtler des 17. Jahrhunderts, verglich unsere menschliche Existenz hypothetisch mit dem Wachsen von Pilzen. Hobbes betrachtete den Naturzustand der Menschen bekanntermaßen als vor-gesellschaftlich und schlug vor: »Betrachten wir die Menschen (…), als ob sie eben jetzt aus der Erde gesprießt und gleich Pilzen plötzlich ohne irgendeine Beziehung zueinander gereift wären.«[37] Benhabib schrieb, genau das sei der Fehler der Mainstream-Philosophie: Sie betrachte Menschen als aus dem Boden schießende Pilze und nicht als abhängige, Fürsorge erfahrende Wesen.[38]

Ich bin inhaltlich ganz einer Meinung mit Benhabib; aber das Frappierende ist, dass wir inzwischen sehr viel mehr über Pilze wissen als Hobbes und auch als die Philosophin beim Verfassen ihres berühmten feministischen Aufsatzes im Jahr 1986. Denn tatsächlich schießen die meisten uns bekannten Pilze nicht unabhängig voneinander aus dem Boden, sondern sind durch ein unterirdisches Geflecht von Fäden (das Myzel) verbunden. Darum entstehen bisweilen die sogenannten Hexenringe, weil das Geflecht in der Mitte bereits abgestorben ist oder ihm die Nährstoffe ausgegangen sind. Von außen sieht man also nicht, dass die einzelnen Fruchtkörper der Pilze unterirdisch verbunden sind, dabei gibt es Pilzorganismen, die viele Kilometer lang und breit sind. Der größte Pilz der Welt, ein Hallimasch im US-Bundesstaat Oregon, erstreckt sich über 880 Hektar und soll ungefähr 2400 Jahre alt sein.

Was ist nun tatsächlich »der Pilz« – nur der für uns sichtbare oberirdische Körper oder auch das, was ihn unterirdisch zusammenhält und woraus er hervorgeht? Und was, wenn wir die Pilzmetapher ernst nehmen und sagen, dass Menschen doch ein wenig wie Pilze sind? Allerdings nicht so wie von Hobbes, sondern wie von Benhabib geschildert: verbunden, abhängig, ermöglicht, getragen. Und was ist dann »der Mensch«: nur das, was wir landläufig als »Ich« empfinden – voneinander abgetrennte Einheiten –, oder auch die Verflechtungen, unsere gemeinsamen Wurzeln?

Nicht nur als Kinder oder Säuglinge sind wir auf andere angewiesen; auch als Erwachsene bleiben wir verletzliche, bedürftige, auch liebesbedürftige, auf Anerkennung und Unterstützung angewiesene Wesen. Was ich im ersten Kapitel als unterschiedliche Spielarten der ja eher unsympathischen *do-gooder derogation* beschrieben habe, lässt auch umgekehrte, liebenswertere Schlüsse über uns Menschen zu: Uns ist nicht egal, was andere von uns denken. Wir wollen, dass uns andere schätzen. Wir wollen von Menschen umgeben sein, die auch wir schätzen und lieben können. Wir Menschen sind viel weniger getrennte und vereinzelte Wesen – als soziale, miteinander verbundene. Noch einmal: Wie ließ sich dies jemals vergessen?

Schließlich ist keine einzige unserer Handlungen eine wirklich solitäre Handlung; durch Wissen und Gegenstände ist unser Handeln ständig mit dem Handeln anderer verwoben. Ein Großteil unseres Lebens gründet auf Vertrauen in andere und Kooperation mit ihnen. Wenn ich ein Buch lese, vertraue ich auf die Wahrhaftigkeit der Autorin und »höre« ihr zu; wenn ich backe, nehme ich Zutaten entgegen, die andere angebaut haben, und rolle den Teig aus, wie ich es zigfach bei meiner Großmutter gesehen habe. Wenn ich Auto fahre, steige ich zunächst in ein Gefährt, das andere angefertigt haben, folge Regeln, die wieder andere aufgestellt haben, und wechsele in halb bewussten Feinabstimmungen mit Unbekannten die Spur, um andere auf die Fahrbahn zu lassen, und andere tun dasselbe für mich.

Nahezu alles, was wir über diese Welt wissen, haben wir von anderen gelernt, und alles, was wir tun, ist ein Sich-Einfädeln in eine Welt, die gemeinsam strukturiert und mit Sinn erfüllt wird. Wir werden zu denen, die wir sind, überhaupt nur dank dessen, was wir mit anderen erleben und dank der Narrative, die wir mit ihnen teilen; ihre Bewertungen, Anregungen, Erwartungen, Träume und Geschichten formen uns.

Sogar vielgescholtene Onlinedienste wie Facebook oder WhatsApp sind der allgegenwärtige Beweis dafür, dass wir selbst in einer postindustriellen Gesellschaft, die uns viel Individualisierung ermöglicht, aber auch abverlangt, nicht aufhören, Herdentiere zu sein. Der Beruf, die Neigungen, die Migration verschlagen uns an entfernte Orte; aber dank Smartphone verbleiben wir immer im Kreis unserer Lieben. Unsere Stimmungen werden von dem mitbestimmt, was sie erleben. Wenn ein uns nahestehender Mensch im Krankenhaus liegt, sind wir bedrückt, auch wenn wir zwischendurch vergessen, woran genau das liegen mag. Wenn es am Vortag Streit bei der Arbeit gab, belastet das am nächsten Morgen unseren Weg in Werkstatt oder Büro. Wenn uns ein Kind mit etwas Liebevollem beschenkte, erwärmt uns der Gedanke daran nicht nur in dem Moment, sondern womöglich den ganzen Tag lang.

Unsere Umgebung, unsere Sicht auf die Welt, unser Handeln und unsere Stimmungen sind beeinflusst von dem, was andere tun, denken und was sich in deren Leben ereignet. Wie kann man denn da behaupten, dass wir voneinander getrennte Leben führen?

Auch außerhalb der feministischen Philosophie haben Beschreibungen vom Menschen als »Beziehungswesen« in den letzten Jahren allmählich mehr Aufmerksamkeit erhalten;[39] eine große Rolle spielt dabei das Stichwort »Empathie«. Obwohl die Fähigkeit zur Einfühlung streng genommen auch das Quälen und Ausnutzen anderer ermöglicht[40], wird Empathie in diesen Kontexten zumeist positiv konnotiert und im Sinne von »Zugewandtheit« oder »Fürsorge« verstanden. Die menschliche Fähigkeit, mentale Zustände anderer mitzuempfinden und entsprechend kooperativ zu handeln, steht auch hier dem Bild vom Menschen als selbstgenügsamem Einzelwesen entgegen. Ein prominentes Beispiel wäre Jeremy Rifkins hoffnungsvolles Buch über *Die empathische Zivilisation*.[41] Die Hirnforscherin Tania Singer empfiehlt das zielgerichtete Erlernen von Mitgefühl, um zahlreichen gesellschaftlichen Problemen gegenzusteuern.[42] Verhaltensforscher wie Frans de Waal tragen Belege für Empathie im Tierreich zusammen; es scheint sich evolutionär sogar um eine recht alte Fähigkeit zu handeln.[43] Entsprechend erklären Moralpsychologen dann auch die moralischen Fähigkeiten des Menschen im Einklang mit seiner Evolution.[44]

Begeistert haben sich viele Publizist*innen schließlich auf die Entdeckung der Spiegelneuronen gestürzt, mithilfe derer wir sozusagen rein physiologisch mitempfinden können/müssen, was andere fühlen. Endlich schien bewiesen, dass auch die »Hardware« des Menschen empathisch veranlagt ist!

Trotz der an sich menschenfreundlichen Botschaft mag man darin allerdings auch einen traurigen Beleg für die Unsicherheit geistes- und sozialwissenschaftlicher Visionen sehen: Ein neurowissenschaftlicher Befund erregt ungleich mehr Aufsehen und wirkt viel »wissenschaftlicher« als die im Grunde ähnlich lautenden Thesen, zu denen Nicht-Hirnforscher aufgrund von phänomenologischen, psychologischen oder soziologischen Betrachtungen des Menschen gelangt sind ... Und tatsächlich geht die Begeisterung für die Spiegelneuronen jetzt sogar bei einigen Hirnforscher*innen selbst wieder zurück. So spricht der Kognitionswissenschaftler Gregory Hickok von einem »Mythos« und weist umfangreich nach, dass all das Verstehen, das man den Spiegelneuronen zuschreibt, von diesen gar nicht geleistet werden könne.[45]

Solche Kritik soll nicht implizieren, dass wir nun doch eine unempathische Spezies sind, sondern betont gerade unsere soziale Daseinsform: Das Gehirn des Menschen als Ganzes ist darauf angelegt, Handlungen, nonverbale und sprachliche Äußerungen anderer zu deuten und Kooperation zu ermöglichen; unser Hirn ist aufs Soziale hin strukturiert und betritt nicht als vereinzelter Denkautomat die Bühne dieser Welt.

Eigentlich ist es bereits reduktionistisch, das Organ Gehirn als einzigen »Sitz« von Bewusstsein und Individualität anzusehen; auf diesen verbreiteten Fehler macht unter anderem der Hirnforscher und Psychiater Daniel Siegel aufmerksam. Er schlägt vor, unser Ich oder unsere Subjektivität als Prozess zu verstehen, der sowohl einen besonderen Bezug auf das physische Organ Gehirn hat als auch weit darüber hinausgeht und sich in all dem konstituiert, was wir mit anderen teilen und austauschen.[46] Siegel versucht hier, die eher sozial- und geisteswissenschaftliche Sicht auf die Inter-Subjektivität des Menschen mit der natur- und speziell neurowissenschaftlichen Anschauung zusammenzuführen.

Und schließlich möchte ich noch eine weitere, gänzlich andere Perspektive vorschlagen, die es uns erlaubt, unser Selbstbild von vereinzelten, aus dem Boden schießenden Pilzen durch eines abzulösen, in dem auch das gemeinsame Wurzelnetz sichtbar wird. Es handelt sich um eine religiöse – man kann auch sagen: spirituelle – Perspektive, die ich persönlich im sufischen Islam kennengelernt habe; aber sie existiert ähnlich auch in anderen religiösen, zumal mystischen Traditionen. Stellen wir uns dazu zunächst vor, dass die naturwissenschaftlich-materialistische Weltsicht, die sich in den letzten hundert Jahren in Europa als Türsteherin vernünftigen Sprechens etabliert hat, vielleicht nicht die einzig richtige ist; dass sie zwar im speziellen Bereich physischer und materieller Phänomene vieles korrekt beschreiben, aber eben viele weitere Aspekte des Menschen und der Welt nicht vollständig erfassen kann. Stellen wir uns also vor, wir wären nicht nur Wesen von dieser Welt. Stellen wir uns vor, wir hätten neben unserem Körper auch eine Seele.

Was heißt hier »neben«? Es kann sich nicht um etwas handeln, was dem Körper einfach nur eingesetzt oder »eingehaucht« wurde; und unser Körper ist nicht ein beliebiges Gehäuse. Auf dieser Erde, in diesem Leben *sind* wir auch unser Körper; die Herausforderungen und Freuden dieses Lebens sind ernst zu nehmen und auszukosten, sie sind real und wertvoll. Körperlichkeit und Sinnlichkeit, Verletzlichkeit und Endlichkeit bilden genau die Form, die unser Leben hier annimmt. Aber wir sind eben nicht nur diese Form. (Kann man »nur«, »allein« und »bloß« lesen, ohne es als Abwertung zu verstehen? Ich bitte darum.) Unsere Lebendigkeit und Energie speisen sich nicht nur aus dem Zitronensäurezyklus; unser Wunsch nach Ewigkeit ist nicht bloß ein trickreicher Mechanismus im Dienst der Weitergabe unserer Gene; unsere Lebenslust, die Freude angesichts von Schönheit und die Liebe, die wir zu Erwachsenen und Kindern verspüren, sind nicht nur biologische Funktionen, sondern das, was die Welt im Innersten zusammenhält.

Es hat seinen guten Grund, warum die Sufis ihre Weisheit in Form von Geschichten ausbreiten; es ist nämlich sehr schwer zu sagen, *was* genau wir über dieses »nur« hinaus sind. Aber nun habe ich mit diesem Buch nun mal die essayistische, argumentative Form gewählt und muss es so versuchen: In dieser Sicht sind wir Ableger einer umfassenden Kraft oder Liebe, Funken von einem viel größeren Feuer; wir sind wie Wassertropfen, die zum Meer gehören, in einem Eimer entnommen werden können und sich wieder vermischen (so wie es Cary Grant in dem Film *Hausboot* den Kindern angesichts des Todes ihrer Mutter demonstriert). Wir haben jeder einen Atem und einen Puls und reihen uns ein in den großen Atem und Puls alles Lebens und vielleicht sogar des Nicht-Lebendi-gen. Das Wichtigste: Wir zehren von einer gemeinsamen Substanz und sind auf viel engere und tiefere Weise miteinander verwandt, als es Bluts- und genetische Verwandtschaft abbilden können.

Was hilft es nun, sich das vorzustellen? Also mir hilft es. Es hilft mir zu verstehen, dass ich zwar sehr wohl ein einzelner Pilz, ein Fruchtkörper bin und als solcher einzeln in die Höhe wachse und Nährstoffe verbrauche und Sporen ausbilde und absterben werde; dass ich aber gleichzeitig das Netzwerk bin und die Sporen und, weil Pilze oft in Symbiose mit anderen Organismen leben, vielleicht sogar auch noch diese. Es ist eine Frage der Perspektive, auf welchen Aspekt meines Daseins ich meine Aufmerksamkeit richte; für viele Tätigkeiten meines Alltags muss ich mich ganz auf den Fruchtkörper konzentrieren; aber die Beschreibung wäre nicht vollständig, und am Ende des Tages hilft es mir zu wissen, dass ich eben auch all das andere bin.

Es hilft mir auch zu wissen, dass das Ego, wie viele Sufis den Fruchtkörper des Pilzes nennen, nur ein Aspekt meines Selbst ist. Es ist am sichtbarsten, am lautesten und bei Konflikten sofort zur Stelle. Bei Hunger initiiert es Gier, bei einer Kränkung ist es schnell empört, bei jeder kleinen Verletzung oder Herabsetzung jault es laut auf. In jenem kalifornischen Café zum Beispiel sprang es sofort zur Verteidigung auf: Es sollte, konnte, durfte nicht falsch sein, wie ich bisher gelebt hatte. Das Ego ist nämlich höchst parteiisch; es ist dafür zuständig, uns hier auf Erden voranzutreiben und dafür zu sorgen, dass wir überleben. Wir sollten uns also davor hüten, das Ego zu sehr geringzuschätzen; es hat auch seine Funktion und verdient Respekt.

Aber es ist nur ein kleiner Teil von uns. So wie das bewusste Ich nur eine winzige Teilmenge unseres Denkens und Fühlens ausmacht, so ist, auf einer anderen Ebene, das Ego nur ein Fitzelchen unseres Selbst. Die Spitze des Eisbergs sozusagen. Es ist nicht schlecht, nur halt egoistisch, und seine Sichtweise ist begrenzt. Es wäre falsch, sich alleine an den Empfehlungen des Egos zu orientieren, denn das hieße zu vergessen, dass wir eben auch viel mehr, nämlich auch das Wurzelwerk sind.

Um das Ego und um seine Reaktionsweise zu wissen, kann ganz praktisch helfen, seine Einwände leichter vorüberziehen zu lassen und nicht ganz so ernst zu nehmen. Der erste Ärger, wenn in einem Internetforum ein Missverständnis auftritt; der aufwallende Trotz, wenn einen jemand bei einem Fehler ertappt hat; die Angst, schlecht dazustehen, weil jemand anderes etwas Tolles vollbracht hat. All diese Reaktionen, von denen schon so viel die Rede war ... Sie sind nicht schlimm. Sie sind menschlich. Und menschlich ist es eben auch, nicht allen Impulsen des Egos sofort zu folgen, sondern etwas abzuwarten, »über sich hinaus« zu wachsen und etwas zu tun, das mehr im Einklang mit dem gesamten Wurzelwerk steht.

Die Stichworte »Wurzeln« und »Verbundenheit« laden schließlich zum letzten Einwand gegen das Gut-Sein ein, den ich in diesem Kapitel diskutieren will: Klingt mein Vorschlag, dass wir uns an die kollektive Seite unseres Daseins erinnern sollten, nicht irgendwie nach Gruppenbildungen, Massenphänomenen oder gar nationaler Identität? Vor allem linke Gutmenschen sind aus verständlichen Gründen im Allgemeinen skeptisch gegenüber Gruppenidentitäten und damit verbundenen Erlebnissen, sie erlauben sie sich höchstens noch beim Fußball. Und ein nicht unerheblicher Teil der Gutmenschen-Schmähreden weiß sich genau dieser linken Skepsis gegenüber Gruppen zu bedienen und spöttelt: »Das fühlte sich an wie eine große Familie, am Bahnhof zu stehen und den Flüchtlingen zu helfen? Es hat dir einen Kick gegeben? Ertappt!«

Solch ein Vorwurf würde einen Pegida-Anhänger nicht groß irritieren; einen Friedensmärschler hingegen schmeißt er direkt aus der Bahn. Mit dem Effekt, dass man sich bei Wind und Wetter gern jeden Montag zu einer Pegida-Demo trifft, es die Linken aber nur einmal im Jahr schaffen, für den Frieden zu demonstrieren – könnte ja Spaß machen! Bleiben wir also lieber daheim. (Ja, ich übertreibe.)

Im Grunde ist uns dieser Einwand bereits im zweiten Kapitel begegnet; doch dort lag die Betonung darauf, ob es etwa Spaß mache, zu helfen …? Hier nun gilt die Skepsis dem Erleben des Kollektiven. Dabei wäre es völlig falsch, aufgrund der Erfahrungen mit Patriotismus und Nationalismus einen moralischen Purismus zu proklamieren, der das Handeln als Gruppe generell unter Verdacht stellt – ob Gruppen gut sind oder nicht, kommt ganz darauf an, als was sie sich verstehen und wie sie agieren. In Gruppen zu handeln und sich (gerne) als Teil einer Gruppe zu fühlen, ist zunächst einmal nur menschlich und sogar beglückend. Der im ersten Kapitel bereits erwähnte Moralpsychologe Haidt spricht hier vom *hive switch*, also etwa einem Bienenstock-Effekt.[47] Es kann starke Glücksgefühle auslösen, sich als Teil einer Gruppe zu erleben. Und das ist nichts Schlechtes! Im Gegenteil, wir sollten sie uns zunutze machen – für das Gut sein. Gut sein können die wenigsten allein.

Doch was genau unterscheidet denn jetzt die, etwas simpel ausgedrückt, gute Kollektiverfahrung von der schlechten? Ein Kriterium könnte darin bestehen, dass die Handlungen und das Wir-Gefühl nicht *gegen* andere gerichtet sind oder nicht *auf Kosten* anderer gehen. Das wäre eine recht sparsame Vision, die sich damit begnügt, dass wir anderen nichts Übles antun. Im Bereich des ethischen Guten wollen wir eigentlich mehr: etwas Positives für andere erreichen; ein tieferes Verständnis von ihnen entwickeln; eine neue Verbindung mit ihnen eingehen. Es geht darum, die kleine Wir-Gruppe, die wir zunächst im Sinn haben, zu erweitern; nicht nur zu umklammern, was das Nahe und Eigene ist – sondern auf das zuzugehen, was zunächst fremd oder fern erscheint.

Etliche ältere Leute habe ich im Herbst 2015 sagen gehört, dass sie Flüchtlingen helfen wollten, entweder weil sie selbst einst aus den ehemaligen deutschen Ostgebieten geflohen waren oder weil sie sich an die vielen Flüchtlinge erinnern, die nach dem Zweiten Weltkrieg beherbergt werden mussten. In unserem Dorf wurden vor drei Jahren die ersten Geflüchteten aus, soweit ich mich erinnere, Somalia untergebracht; am selben Abend noch standen vor ihrer Tür zwei Vertreter des Seniorenvereins, um sie willkommen zu heißen. »Unser Dorf hat nach fünfundvierzig Dutzende von Flüchtlingen aufgenommen«, sagten sie mir. »Was ist der Unterschied?« Als ich die fünf syrischen Flüchtlinge abholen musste, mein Auto aber nicht genügend Sitzplätze hatte, lieh mir eine ältere Nachbarin ihren Minivan mit den Worten: »Ich bin ja so froh, wenn ich auch ein bisschen beitragen kann; ich erinnere mich noch, wie das damals bei uns war mit den Wägelchen.« Ihre Familie stammt aus Pommern.

Auch das ist Handeln aus einem Gruppengefühl heraus – und zwar nicht gegen, sondern für andere Menschengruppen. Gruppengefühle müssen nicht exklusiv, sondern sie können inklusiv sein. Gruppen lassen sich erweitern: wir Niedersachsen, Somalier, Pommern und Syrer. Die Moralphilosophie und die politische Theorie sprechen von Universalisierung, Teilhabe, Inklusion; dabei lassen wir Grenzen hinter uns, ob es nun nationale oder begriffliche sind, juristische oder psychologische.

Das Gute wächst, wenn wir die Erinnerungen an die Mühsal unserer Familie auf der Flucht nutzen, um eine andere Familie zu verstehen und ihr zu helfen. Wenn wir ein Kind lieben und in dieser Liebe auch ein klein wenig all die anderen Kinder mit-lieben und beginnen, uns für die Lebensumstände von Familien auf der ganzen Welt zu interessieren. Wenn wir einen Hund lieben und anfangen, darüber nachzudenken, wie es wohl jenem unbekannten Hund erging, dessen Pelz jetzt eine Kapuze umrahmt. Wenn wir uns erinnern, wie entsetzlich es war, als wir das letzte Mal vor versammelter Mannschaft bloßgestellt wurden, und dem Kollegen XY beispringen, der in der Konferenz gerade schonungslos auseinandergenommen wird – obwohl wir eigentlich immer anderer Meinung als XY sind. Auch wenn wir andere Lebensumstände haben als jene Familien. Auch wenn wir in Schuhen laufen und sie auf vier Pfoten. Die Externalisierungen, von denen das vorige Kapitel handelte, gehen damit einher, dass wir andere als weit entfernt und völlig von uns getrennt erleben; hier versuchen wir nun, die andere Richtung einzuschlagen und den Zusammenhang zwischen Ich und anderen (wieder) zu finden.

Dieses Kapitel verfolgte den Zweck, uns ein wenig die Angst vor dem Gut-Sein zu nehmen, indem verbreitete Fehlauffassungen oder Verzerrungen diskutiert wurden: Moralische Urteile bedeuten keine Urteile über den gesamten Menschen. Ein moralisch Handelnder muss nicht, wenn er die Interessen eines anderen mitberücksichtigt, damit automatisch gegen seine eigenen handeln. Wir sind nicht primär Vereinzelte, sondern soziale Wesen, miteinander Verbundene.

Die Kardinalfrage, die sich jetzt eigentlich anschlösse, müsste wohl lauten: Macht es also doch glücklich, gut zu sein und gut zu handeln? Diese Frage, ob zum Beispiel Tugendhaftigkeit den Menschen glücklich mache – wie noch Aristoteles annahm – oder ihm einen stetigen Kampf gegen das, was er selbst gern hätte, auferlege – so befürchteten etliche Moralisten der Neuzeit –, ist so alt wie die abendländische Philosophie. Natürlich wäre es schön, einen Zusammenhang von Glück und Moral einfach zu konstatieren – aber auch irreführend. Konsumkritiker*innen weisen zwar zu Recht darauf hin, dass es nicht unbedingt glücklich macht, im Wettbewerb stets mehr erhaschen zu wollen als andere; ebenso wenig aber macht es umgekehrt *automatisch* glücklich, zu schenken und zu kooperieren.

Allerdings fällt mir persönlich gar nichts ein, was garantiert immer glücklich macht; nicht lesen, nicht reisen oder lieben. Ich sage das nicht, um das Problem breitzutreten oder zu trivialisieren. Ich meine es ernst: Selbst wenn wir einen absolut fantastischen Roman lesen, werden die Figuren darin oft Dinge tun, die uns irritieren, vielleicht sogar abstoßen oder verstören. Wenn wir reisen, tun wir dies gerade auch, um uns mit Fremdheitsgefühlen zu konfrontieren; das ist bisweilen verunsichernd, herausfordernd und nicht ausschließlich angenehm. Wenn wir lieben, erfahren wir Dinge vom anderen, die nicht einfach zu akzeptieren sind; und wir erleben, dass sogar Menschen, die einander fraglos sehr lieben, bisweilen in unterschiedliche Richtungen ziehen und zerren und sich darüber streiten.

Genauso ist es mit dem ethischen Handeln. Es führt wieder und wieder zu Konflikten und Unsicherheiten, und überall, wo

Menschen zusammenkommen, wollen sie ja zig unterschiedliche und bisweilen unvereinbare Dinge. Aber ausweichen, immer zu Hause bleiben und die Schotten dicht machen ist eben keine Lösung. Ethisches Handeln kann genauso anstrengend, ärgerlich, bisweilen ergebnislos sein wie alle anderen bedeutsamen Tätigkeiten; aber es ist eine essenzielle Art und Weise, sich mit der Welt und den Mitmenschen in Beziehung zu setzen und die Getrenntheit zu überwinden, die unsere Existenz bei oberflächlicher Betrachtung zu bestimmen scheint. Ebenso wie lesen, reisen oder lieben trägt uns der Versuch, gut zu sein, über Schranken hinweg und hilft uns, an die Verbundenheit anzuknüpfen. Und das macht ... nicht in jeder Sekunde euphorisch, stolz oder zufrieden, aber in einem tieferen und dauerhafteren Sinne tatsächlich glücklich.

5

CONTRA UND PRO IDEALISMUS

Die Versuchung ist groß, dieses Buch mit einem Kapitel voller Vorschläge für die Praxis zu beenden oder Mut machende Initiativen vorzustellen, die das Gute bereits im Hier und Jetzt beginnen lassen. Doch erstens gibt es glücklicherweise bereits etliche gute Bücher mit konkreten Ideen zur Weltverbesserung, mit Darstellungen alternativer Wirtschaftsformen und mit Porträts von utopisch klingenden, aber ganz realen Projekten. Zweitens ist die Aufgabe dieses Buches ja eine andere. Mich fasziniert (und beunruhigt) eher das Phänomen, dass wir solche Bücher im Regal haben mögen oder sie gar lesen – und uns dennoch der Mut verlässt, wenn es an die Umsetzung geht. Ich nehme mich selbst gar nicht aus, wenn ich die Befürchtung äußere, dass es da gewisse Übersetzungsschwierigkeiten gibt zwischen dem Know-how und dem Trotzdem-noch-nie-versucht.

Neben all den bereits diskutierten psychologischen Sperren und philosophischen – oder als philosophisch getarnten – Einwänden darf man im Übrigen ein ganz handfestes, einschüchterndes Missverhältnis nicht vergessen: Im Vergleich zur Problembeschreibung – Welt in Not! – wirkt jedes praktische Vorhaben mickrig. Das liegt schon allein daran, dass jeder von uns zunächst einmal nur eine winzige Gestalt in dem Myzel der sieben Milliarden ist; entsprechend kleinteilig fallen die Ergebnisse, »was jeder Einzelne tun kann«, eben aus. Plastik sparen, Flüchtlingskindern helfen, keine Tiere essen ... Sogar wenn sich eine ganze Nachbarschaft zusammentut und im Jahr dreitausend Plastiktüten spart, eine Tonne Buntstifte an Flüchtlingskinder verteilt oder nur noch vegane Würste grillt, fällt es keinem von uns schwer, sich auszumalen, wie viele Plastiktüten im Meer, Kinderhände ohne Stifte und Schweine in ihrer Jauchegrube, genannt Stall, verbleiben. Ähnliches gilt für die Teilnahme an einer Demonstration oder die Unterschrift unter einer Petition ...

Meiner Erfahrung nach quälen sich gerade die Menschen, die sich am stärksten engagieren, auch am meisten mit der Frage herum, warum es eigentlich sinnvoll ist, das Gute im Kleinen beginnen zu lassen – und sie tun es trotzdem. Ist das diese Sache mit dem berühmten Apfelbäumchen, das man pflanzen würde, selbst wenn die Welt am nächsten Tag unterzugehen droht?

Ich selbst gehöre zugegebenermaßen nicht zu denjenigen, die in solch einer Situation noch zum Spaten greifen würden; Schokolade läge mir näher. Unter gewöhnlichen Bedingungen allerdings – also wenn zwar einiges düster aussieht, aber noch kein Termin für einen Weltuntergang bekannt geworden ist – mache ich mir vor allem anhand von zwei Bildern deutlich, dass es auf das Handeln des Einzelnen durchaus ankommt. Das erste Bild ist das eines Dammbaus: Bei Hochwasser kommen Hunderte von Menschen zusammen, um aus Sandsäcken einen Wall gegen die Fluten zu errichten. Jede*r trägt nur einen Sack, aber niemand würde behaupten, dass dies sinnlos sei; schließlich ist kein*e Helfer*in allein.

Das Umgekehrte gibt es auch: Eine einzelne Person kann ein Loch in einen Damm bohren und wahre Fluten in Bewegung setzen – was jetzt erst mal nicht so positiv klingt. Aber dieser Mechanismus funktioniert auch in konstruktiven Kontexten: Der Syrer Mohammad Zatarei, der den Marsch aus Budapest initiierte, ist dafür ein Beispiel. Er hat, ohne Übertreibung, Geschichte geschrieben. Bezeichnenderweise hat er dazu allerdings mit einem Freund kooperiert, und obwohl ich dazu keine wissenschaftliche Literatur kenne, habe ich den Eindruck, dass die kritische Zahl oft »zwei« lautet. Einer alleine steht vielleicht wirklich recht verloren da, aber sobald es nur einen weiteren Menschen gibt, der eine »verrückt« erscheinende »Gutmenschen«-Idee freundlich aufnimmt und sagt: »Warum eigentlich nicht?«, können fantastische Dinge ins Rollen kommen.

Doch trotz all dieser Versuchungen, direkt auf Ermutigung und Praxisvorbilder zuzusteuern, möchte ich auch in diesem letzten Kapitel noch einmal nach Blockaden suchen, die uns ausbremsen können. Und natürlich stellt sich die Frage, ob ich insbesondere bei dem Lob der Moral, das ich im letzten Kapitel angestimmt habe, nicht vielleicht etwas Wichtiges übersehen habe.

Ein durchaus ernst zu nehmender Einwand in diesem Zusammenhang kommt ausnahmsweise einmal nicht von der eher konservativen, sondern von der linken Seite. Er besagt, wir sollten nicht zu viel Hoffnung in die Moral setzen, weil die schönste Moral schließlich nichts helfe, wenn die äußeren Bedingungen unmöglich machten, dass sie umgesetzt wird. Diese ganze Beschwörung des Menschen als verbundenes Wesen – so könnte man polemisch gegen meine Pilzmetapher einwenden – ist fruchtlos, wenn die Gesellschaft, in der wir leben, uns ein solches Maß an Konkurrenzkampf und Vereinzelung abverlangt, dass das Leiden an ihr unvermeidlich ist.

Einer, der auch über diese psychischen Kosten des Turbokapitalismus schreibt, ist der britische Kolumnist George Monbiot. Der Kapitalismus sei zwar nicht die einzige Ursache für die Zunahme stressinduzierter Erkrankungen wie Demenz, Bluthochdruck, Depression, Schlafstörungen und Drogenabhängigkeit, »aber mir scheint die Ursache überall dieselbe: Menschliche Wesen, diese ultrasozialen Säugetiere, deren Gehirne so verschaltet sind, dass sie auf andere Menschen reagieren, werden auseinandergerissen. Ökonomischer und technologischer Wandel spielen eine Rolle, doch ebenso die Ideologie. Obwohl unser Wohlergehen untrennbar mit dem Leben anderer verbunden ist, wird uns überall erzählt, dass wir unser Glück durch kompetitiven Eigennutz und extremen Individualismus erreichen.«[48]

Diese »Ideologie«, von der Monbiot spricht, hatte ich im Sinn, als ich über das Menschenbild schrieb. Je höher wir die Mauer zwischen uns und den anderen gedanklich errichten, desto abwegiger und schwieriger wird es zu wagen, mit ihnen Beziehungen einzugehen und eine Gesellschaft aufzubauen, die weniger von Eigennutz und Konkurrenz bestimmt sind. Es ist eben nicht bloß ein blödes Missverständnis zu meinen, wir wurschtelten »naturgemäß« alleine vor uns hin und es bedürfe großer Anstrengungen, vom Einzelkämpfer zum Altruisten zu mutieren; sondern es ist leider auch eine lähmende Form von Selffulfilling Prophecy. Diese Ideologien oder Vor-Urteile weniger für bare Münze zu nehmen ist daher ein wesentlicher Schritt hin zum Umbau der Gesellschaft – oder vielleicht auch nur die einen Spalt weit geöffnete Tür, die Weiteres möglich macht.

Doch der linke Idealismus-Einwand, wie man ihn nennen könnte, dreht die Frage gewissermaßen um, fügt eine neue Perspektive hinzu. Wenn man den Menschen von seiner Verbundenheit her denkt und von seiner Kapazität her, Zuwendung zu geben und zu empfangen, müssen wir also nicht nur Imperative an den Einzelnen richten, wie er »gut« leben solle, sondern vor allem auch Fragen an unsere Gesellschaft stellen: Ermöglicht sie, diese Kapazitäten auszuleben? Oder stellt sie uns nicht vielmehr Mechanismen in den Weg, die uns Vereinzelung abverlangen auch da, wo Individualität kein Freiheitsgewinn, sondern ein Verlust ist?

Und der Idealismus-Einwand geht ja noch entscheidend weiter. Geleugnet wird zwar nicht, dass es Ideologien gibt, die stützende und regulierende Funktionen haben; jedoch wird der Verdacht geäußert, dass wir »Idealisten« – wie wir Gutmenschen nun also auch aus dieser Richtung geschimpft werden können – Gedankengebäude zu ernst nehmen und ihnen mehr zutrauen, als sie zu bewirken vermögen. Dabei, so die Bedenken, übersehen wir womöglich das, was die Weltläufe tatsächlich bestimmt: die Ökonomie. Demnach wäre all das Reden über Moral nur ein schöner Schein, der die tatsächlichen Kausalitäten dekorativ umspielen mag oder nicht; echte Wirkung hätte es nicht.

Ich weiß ehrlich gesagt nicht, wie viele Menschen so etwas in dieser etwas vulgär-marxistisch anmutenden Version behaupten würden. In angedeuteter Form ist mir diese Ansicht schon oft begegnet, aber im Zweifelsfall will es dann wieder niemand gewesen sein. Einer, der allerdings nicht mehr ausweichen kann, ist der Philosoph Max Horkheimer; von ihm stammen einige Sätze aus den 1930er-Jahren, die diesen Einwand gegen die Moral treffend wiedergeben: »Der Aufruf zur Moral ist machtloser denn je, aber es bedarf seiner auch nicht. Im Unterschied zum idealistischen Glauben an den ›Ruf des Gewissens‹ als entscheidende Kraft in der Geschichte ist diese Hoffnung dem materialistischen Denken fremd.«[49] Mit »materialistisch« ist natürlich nicht die heute negativ konnotierte Bezeichnung für eine oberflächliche, an Geld orientierte Einstellung gemeint, sondern die marxistische Auffassung, dass das Sein das Bewusstsein bestimme, nicht umgekehrt. Treibende Kraft der Geschichte seien Ökonomie, Produktions- und Eigentumsverhältnisse, nicht aber die Ideologie, die sie begleite. Horkheimer sieht einen Widerspruch zwischen einer bürgerlichen Moral, die Altruismus predigt, und ihrer tatsächlichen Struktur, die Konkurrenz und Eigennutz erfordert und aufzwingt. Und die Gretchenfrage lautet: Kann die bürgerliche Moral nun sozusagen einen Stachel ins Fleisch ihrer eigenen Bedingungen treiben oder ist ihr schönes Reden völlig wirkungslos?

Seitdem ich die obigen Sätze im Alter von zwanzig Jahren zum ersten Mal gelesen habe, habe ich oft und lange über sie nachgegrübelt und bin mir ehrlich gesagt immer noch nicht sicher, ob sie im exakten Wortsinne zu verstehen oder vielleicht doch etwas polemisch gemeint sind.[50] Sie hundertprozentig ernst zu nehmen würde letztlich darauf hinauslaufen, von einer Art gesellschaftlichem oder ökonomischem Determinismus auszugehen, in dem das Denken und Wollen der Gesellschaftsmitglieder irrelevant ist. Denn tatsächlich haben Aufrufe, Appelle, Bitten und Forderungen ja Einfluss auf Befinden, Motive und Handeln von Menschen. Nur wenn wir behaupten wollten, dass das Handeln von Menschen ohnehin determiniert sei, könnten wir uns die Frage nach den Motiven und ihrer Beeinflussung schenken.

Ich denke nicht, dass Horkheimer dies so sah. Vernünftiger wäre seine Bemerkung, wenn wir sie als Mahnung verstünden, die verschiedenen Ebenen und Kausalitäten doch bitte nicht zu verwechseln. In vielen Fällen ist der moralische Appell, zum Beispiel die vollmundige Politikeransprache, nur der Zuckerguss auf einem ansonsten durchweg ungenießbaren Kuchen. In vielen weiteren Fällen, zum Beispiel angesichts drastischer Verbrechen oder immensen Leids, kann eine salbungsvolle Rede derart wirkungslos und sogar heuchlerisch sein, dass es ein Hohn wäre, so zu tun, als ob mit der Verlautbarung hehrer Ideale schon etwas gewonnen wäre.

Die meisten heute lebenden Menschen jedenfalls, habe ich den Eindruck, messen dem eher »Geistigen« und »Idealen« einen etwas stärkeren Realitätsgehalt bei als frühere, waschechte Marxisten. Ihre Weltsicht ist nicht materialistisch, vielleicht auch nicht rein idealistisch, sondern, sagen wir: holistisch. Das würde bedeuten, dass wir sowohl um die Macht der physischen und ökonomischen Realität wissen als auch um die der Ideen und beide zusammen, oder wenigstens in geeigneter Abwechslung, bedenken.

Auch Horkheimer übrigens kennt – ebenfalls im obigen Text, der auf vielfältige Weise gegen die Kraft moralischer Appelle anschreibt – eine weitere, moral-affinere Ebene. Da ist von Mitleid die Rede, von Güte und von Liebe. »Aber diese Liebe betrifft nicht die Person als ökonomisches Subjekt (…), sondern als das mögliche Mitglied einer glücklichen Menschheit. (…) Allen, sofern sie überhaupt Menschen sind, wünscht sie die freie Entfaltung ihrer Kräfte. Es scheint ihr, als hätten die lebenden Wesen einen Anspruch auf Glück, und sie fragt nicht im Geringsten nach einer Rechtfertigung oder Begründung dafür.«[51]

Die Liebe zum Menschen als möglichem Mitglied einer glücklichen Menschheit – wenn dies nicht »idealistisch« im positiven Sinne ist! Das Ideal der Menschheit ist hier übrigens nicht exklusiv in Abgrenzung von den übrigen empfindungsfähigen Lebewesen gemeint. »Die Solidarität der Menschen ist jedoch ein Teil der Solidarität des Lebens überhaupt«, schreibt Horkheimer zwei Seiten weiter. »Die Tiere bedürfen des Menschen. (…) Die größeren Gaben des Menschen, vor allem die Vernunft, heben die Gemeinschaft, die er mit den Tieren fühlt, durchaus nicht auf. Die Züge des Menschen haben zwar eine besondere Prägung, aber die Verwandtschaft seines Glücks und Elends mit dem Leben der Tiere ist offenbar.«[52]

Wieder tauchen hier Motive der Verbundenheit auf: Gemeinschaft und Verwandtschaft von Mensch und Tier. Wir Menschen müssen uns als Gruppe nicht abgrenzen von anderen, sondern können anderen Wesen die Rücksichtnahme, das Glück und die Liebe zukommen lassen, die zu schenken uns möglich ist. Wenn wir die Moral einmal so aus der (fiktiven) Perspektive derer sehen, die auf Mitgefühl und Schonung anderer angewiesen sind, ist sie nicht nur ideologisches Instrument in den Händen der Mächtigen; sie ist oft auch die stärkste und manchmal die einzige Waffe der Schwachen.

Damit ist die Frage, was ein ökonomisches Setting zu bewirken oder zu verhindern vermag, natürlich noch nicht geklärt. Einige Hinweise dazu findet man in dem neuen Buch des britischen Historikers Theodore Zeldin; es regt zu einer nochmals anderen Perspektive auf die kapitalistische Vereinzelung an. In *Gut leben* lässt Zeldin europäische und asiatische Selbstzeugnisse aus mehreren Jahrhunderten Revue passieren und folgt dabei stets der Frage, wie viel Menschen zu gewinnen haben, wenn sie den Standpunkten und Geschichten der anderen zuhörten (mit den physischen Ohren oder lesend). »Eines der größten Komplimente, die man einem anderen machen kann, besteht darin, sich für ihn zu interessieren. Eine der besten Möglichkeiten, sich selbst zu bereichern, ist zu erfahren, was andere denken.«[53] Und dabei meint er nicht nur Menschen in unserer Nähe, die wir ohnehin mögen. Er denkt an Fremde, die einander nicht kennen und unter »normalen« Umständen auch nie kennenlernen würden. So haben er und seine Mitarbeiter Untersuchungen in Hotels und Möbelhäusern durchgeführt, um herauszufinden, welche verborgenen Talente die Menschen besitzen, die uns dort als mehr oder weniger unsichtbare, jedenfalls unpersönliche Angestellte begegnen. Zeldin berichtet auch von Hotels in Pittsburgh, die Anfang des 19. Jahrhunderts begannen, Gäste und Einwohner der Stadt zu gemeinsamen Abendessen zusammenzubringen, und ist der Meinung, dass die meisten Hotelgäste heute noch glücklicher wären, wenn sie ein gutes Gespräch mit nach Hause nehmen könnten statt bloß eine gute Nachtruhe. Er meint sogar, man unterschätze Konsument*innen, wenn man meint, dass sie zum Beispiel in Möbelhäusern nur auf der Suche nach billigen Lampenschirmen seien; sozusagen zum Gegenbeweis hat er in einem Möbelgeschäft Sessions organisiert, bei denen Alteingesessene und Einwanderer einander aus ihrem Leben erzählten und Ukulele-Unterricht für Kinder abgehalten wurde.[54]

Das Kennenlernen fremder Menschen in der globalisierten Welt hält Zeldin für das große wörtlich »Abenteuer« unserer Zeit; und selbst wo man sich streite, müsse dies nicht das Ende des Friedens bedeuten: »Könnte man nicht zumindest einige Arten von Meinungsverschiedenheiten häufiger in eine Quelle von Energie verwandeln?«[55]

Zeldin stellt nicht die altbekannte »Systemfrage«, also ob der Kapitalismus den Aufbau menschenwürdiger Gesellschaften und Arbeitsverhältnisse erlaubt; sondern als der 83-jährige, belesene Enthusiast, der er augenscheinlich ist, wirft er eine Vielzahl überraschender Anregungen in den Raum, um Institutionen, Geschäfte und Arbeitsplätze so zu verändern, dass sie menschenwürdig, anregend, sogar vergnüglich werden könnten.

Aus früheren Jahrhunderten erzählt er von einem Umgang mit Geld, das nicht nur als Mittel der Distinktion und der Macht fungiert habe, sondern auch als »sozialer Kitt«, der Menschen verbindet. Zu manchen Zeiten sei das Anschreiben-Lassen häufiger vorgekommen als das Bezahlen und das Schuldenerlassen üblicher gewesen als das Spenden; manche »Gesellschaft wurde durch ein weit verzweigtes Netz von Schulden zusammengehalten«, und nach dem Ableben eines Menschen konnte sich herausstellen, dass dieser »Schulden bei mehr als hundert verschiedenen Menschen hinterließ, was beinahe als Zeichen der Beliebtheit seiner Gemeinschaft gelten konnte«.[56] Ich tue Zeldin sicher nicht unrecht, wenn ich zusammenfasse: Sogar Geld kann nicht nur trennen, sondern auch verbinden.

Ich verstehe ehrlich gesagt zu wenig von Geld, sowohl praktisch als auch theoretisch, um starke Thesen darüber aufzustellen, ob man erst den Kapitalismus ändern müsse, um ein anderes Verhältnis zu Arbeit und Geld zu ermöglichen, oder ob es gerade andersherum ist. (Auch hier möchte ich mich einem schönen Satz von Zeldin anschließen: »Die Informationen, die ich in meinem Kopf angehäuft habe, weisen nicht alle in dieselbe Richtung.«[57]) Aber vielleicht kann ich doch wenigstens zwei kurze Überlegungen beisteuern: Erstens hat spätestens die Bankenkrise gezeigt, dass sich die Geldwirtschaft und das Bankensystem, so mächtig sie auch sein mögen, parasitär verhalten und angewiesen sind auf die sie beheimatende Gesellschaft. Nicht umgekehrt. Der Wert des Geldes, zumal des digitalen oder rein buchhalterisch existenten, fußt auf dem Vertrauen, das Gesellschaftsmitglieder ihm – in zumeist institutionalisierter und gesetzlicher Form – zusprechen. Geld ist nichts außer einem Versprechen, dass man mit einem bestimmten »Etwas«, das aber selbst vollkommen beliebig und zumeist nur eine Art Chiffre ist, etwas anderes erhalten oder bewirken kann.

Zweitens wird anscheinend oft missverstanden, welche Dinge man mit Geld am besten kaufen sollte bzw. welcher Umgang mit Geld am glücklichsten macht. Selbst die Idee, dass man Geld sammeln und ansparen solle, dass also mehr Geld glücklicher mache als weniger, ist nicht zwingend. Zahlreiche psychologische Untersuchungen belegen, dass das Geld, das nicht für die Befriedigung der Grundbedürfnisse aufgewendet werden muss, dann am besten »angelegt« ist, wenn man es für andere ausgibt.[58] Das können Spenden oder Geschenke sein oder Erlebnisse, die uns mit anderen verbinden.

Überhaupt ist es vermutlich sinnvoller, Geld als ein Mittel zu verstehen, mit dem man etwas erreichen kann, das einem wohltut, statt es als Besitz anzusehen, den man in anderen gegenständlichen Besitz umwandelt. Letzteres ist ja die Leitidee beim sogenannten Shoppen; aber wer sich wirklich »etwas gönnen« will, investiert besser in Erlebnisse, Erinnerungen und Verbindungen mit anderen.[59]

Und dazu gehört eben auch die Möglichkeit, mit dem Ausgeben von Geld die Welt ein Stückchen mehr zu der zu machen, in der wir leben wollen. Dies ist mir mehrfach aufgefallen, wenn ich hörte, wie andere politische Veganer*innen darüber sprachen, was sie kaufen oder welchen Verein oder welche Geschäftsidee sie subventionieren. Wie viel Geld es sie selbst kostet, war dabei oft nicht der entscheidende Punkt, und zwar auch bei Menschen mit eher geringem Einkommen. Es interessierte sie vielmehr, ob ihr Geld dabei eine Produktion unterstützt, die ihren Gerechtigkeitsvorstellungen entgegenkommt. Also eine, die Tiere schont, die Alternativen aufbaut, die die Umwelt gering belastet und die fair ist zu Menschen.

Wieso sollen wir unser mühsam verdientes Geld einem Unternehmen zukommen lassen, das Tiere einsperrt und zum Schlachthof schickt und uns die Nachtruhe raubt, wenn wir abends eine Doku im Fernsehen sehen, die das Innere solcher Anlagen zeigt?

Wieder zeigt sich die positive Seite dessen, was wir als »Verzicht« zu scheuen gelernt haben: Wer kein Geld für tierische Produkte ausgibt, gewinnt eine innere Stimmigkeit in seinem Denken und Handeln – und oftmals auch ein anderes, aufmerksameres Verhältnis zu Tieren.

Oder denken wir an den Kollegen, den ich in der Einleitung erwähnte: Er brachte die Schlafanzüge zurück, weil ihn davor schauderte. Solche aus fairer Herstellung würde er lieber anziehen, und darin würde er besser schlafen.

Ich möchte nochmals betonen: Politik besteht nicht nur im Kaufen von diesem oder Boykottieren von jenem – aber sie kann auch dies beinhalten. Natürlich werden Kaufakte alleine diese Welt nicht ändern; aber gerade weil die Wirtschaft eine so starke Macht besitzt, wird sie sich auch nicht bewegen, wenn wir ihr nicht zeigen, was wir nicht mehr länger dulden.

Ebenso sind auch direkte Spenden nicht ein »Weggeben« von Geld, das man danach leider nicht mehr zur Verfügung hat, sondern ein Ausgeben von Geld für genau das, was man nun mal will. Wenn wir erfahren, dass irgendwo ein Hurrikan getobt und Menschen obdachlos gemacht hat, wenn wir im Fernsehen sehen, wie die Leute versuchen, Sack, Pack, Hund und Katze durch die Fluten in Sicherheit zu bringen, wünschen wir uns, dass ihnen geholfen wird. Und wenn wir spenden, geschieht genau das. Natürlich fliegt das Geld nicht in genau diesem Moment genau diesen Menschen in die Hand, die wir gerade auf dem Bildschirm gesehen haben; aber auch das Geld, das wir erarbeiten, kommt erst am Monatsende auf unser Konto; auch wir bestellen im Internet und gelegentlich am anderen Ende der Welt Waren, die erst nach Tagen oder Wochen mit der Post eintreffen; auch wir legen Geld zurück für den Urlaub. Ebenso kann man Unterkunft und Essen für andere »bestellen« und für ihre Sicherheit und Gesundheit Geld »zurücklegen«.

Und schließlich stellt sich im Zusammenspiel von Geld und Gutem noch eine weitere Frage: Wie viel Geld – für wie viel Gutes? Und wer Gutes tun will, würde am liebsten direkt sehen, »dass es etwas bringt«. Je mehr es bringt, desto besser, so scheint es zunächst. Es gibt einen neuen Trend im Bereich des guten Handelns, der sich »Effektiver Altruismus« nennt und sich mit den Fragen beschäftigt, wie man zum Beispiel mit einer bestimmten Geldsumme möglichst viel Gutes tun kann und warum man darauf im Sinne gesteigerter Effektivität achten sollte. Es geht also um die Maximierung des Guten.

Ein Buch dazu des australischen Philosophen Peter Singer wurde gerade ins Deutsche übertragen; die Reporterin Larissa MacFarquhar erzählt von Leuten, die ihr Leben entsprechend ausrichten; und auch in der Tierrechtsszene kenne ich einige, die von dem Gedanken der Effektivität fasziniert sind. Die Idee dahinter ist, dass man versuchen kann zu berechnen oder durch Experimente herauszufinden, welche Strategien effektiver sind als andere, um diese dann auch bei der eigenen Lebensplanung zu berücksichtigen. Womit zum Beispiel hilft man einer guten Sache mehr: Soll man sich einmal die Woche mit Gleichgesinnten treffen, um irgendwelche kleinen Aktionen anzustoßen, oder ist es effektiver, einen gut bezahlten Job zu ergattern und achtzig Prozent des Einkommens an eine karitative Organisation zu spenden, die viel professioneller und mit größerer Reichweite Gutes tut?

Um es vorwegzunehmen: Ich finde diese Art, über das Gute, über politisches Engagement und das eigene Leben nachzudenken, irreführend und, wenn sie exzessiv betrieben wird, sogar schädlich. Obwohl es natürlich zunächst einmal naheliegend und richtig ist, dass man in einem politischen Kontext – wie bei jedem anderen Handeln – auch nach dem Effekt dessen fragt, was man tut. Sogar wenn ich Kartoffeln schäle, versuche ich, möglichst viele davon direkt in den Topf zu werfen, weil sie mir auf dem Fußboden ja nichts bringen. Also: Das Nachdenken über Folgen und Nutzen begleitet menschliches Denken und Handeln.

Allerdings darf das nicht überhandnehmen, und dies kann geschehen, wenn zum Beispiel die Planer*innen von NGO-Kampagnen exzessiv über ihre Effektivität nachdenken. Sie lesen Managerzeitungen und Bücher darüber, wie man Menschen in eine bestimmte Richtung lenken kann, versuchen, sich Strategien aus der Werbung abzuschauen und diverse Maßnahmen je nach Zahl der erreichten Menschen zu sortieren: Flugblätterverteilen »bringt« soundso viel, eine Demo soundso viel und eine Anzeige in einer Zeitung soundso viel. Jeweils natürlich in der Gegenüberstellung mit Zeit und Kosten.

Doch tatsächlich werden die meisten Bewegungen nun einmal von unterschiedlichen Strategien und Menschen geformt. Das ist auch gut so: Der eine diskutiert lieber endlos und »ineffizient« mit drei Verwandten über seine politische Herzensangelegenheit, ein Zweiter verteilt »effizient« Flugblätter, ein Dritter hält in seinem Uniseminar ein Referat darüber, eine Vierte stellt eine Sammelbüchse an der Supermarktkasse ab und eine Fünfte kratzt in der Fußgängerzone Nazi-Aufkleber ab.

Aber was »bringt« jetzt genau wie viel? Das lässt sich nicht sagen, denn in einer Gesellschaft herrschen multiple, wechselseitige Einflüsse und Kausalitäten; erst im Zusammenspiel entsteht etwas. Der leidenschaftliche Diskutierer mag genau jene Leidenschaft liefern, die das trockene Flugblatt erst glaubwürdig werden lässt. Das Referat an der Uni mag einige Zuhörer*innen dazu bewegen, beim Einkaufen etwas in die Sammelbüchse zu werfen – oder umgekehrt, wenn wir uns an die moralpsychologischen Phänomene des zweiten Kapitels erinnern: Nach einer kleinen Spende in die Sammelbüchse könnte sich eine Studentin »gut genug« fühlen, um das Referat nicht als Angriff, sondern als Einladung zum Mitmachen anzunehmen.

Diese Abläufe sind zu komplex, als dass wir sagen könnten, wer wen genau wie beeinflusst. Unter anderem deshalb ist in einer politischen Bewegung Platz für alle Beiträge und Temperamente, und wir brauchen sie auch alle.

Genauso wenig, wie man sagen kann, welche Strategie die beste wäre, lässt sich angeben, welches Etappenziel das nächste sein »muss« oder der Anstrengungen objektiv am »würdigsten« ist, weil damit am meisten Leid verhindert werden könnte. In seinem Buch über den *Effektiven Altruismus* erzählt Peter Singer von einer Initiative, die sterbenskranken Kindern mit viel Aufwand und Kosten einen Wunsch erfüllt; und er fragt, ob man mit derselben Summe nicht gleich mehreren Kindern in anderen Ländern das Leben retten sollte.[60] Die Frage aufzuwerfen, ist richtig; aber zu suggerieren, es gebe darauf nur eine Antwort, ist falsch. Es ist nicht per se dasjenige Ziel »das wichtigste«, bei dem es um die Rettung der meisten Leben geht, und Ethik ist keine Unterrubrik der Mathematik.

Es gibt politische oder karitative Anliegen, bei denen es buchstäblich um Leben und Tod geht, und bei anderen geht es »nur« um Schutz vor Diskriminierung – beide sind wichtig. Der Kampf um die Rechte und angemessene Bezahlung von Hebammen in Deutschland bleibt politisch wichtig, selbst wenn Frauen in anderen Ländern überhaupt erst einmal medizinische Gesundheitsversorgung brauchen. Eine Mahnwache für zwanzig Affen mit Hirnelektroden in einem Max-Planck-Institut ist wichtig, obwohl in einem Schlachthof jeden Tag Zehntausende von Hühnern in die Ketten fürs Elektrobad eingehängt werden. Manchmal ist es für eine Bewegung oder einfach für die Menschen, die sich engagieren, auch von Bedeutung, mit sehr viel Aufwand etwas zu organisieren, das zwar »wenig bringt«, ihnen aber ein Herzensanliegen ist – einfach um zu spüren, wie stark ihr Herz Anteil nimmt.

Ich habe aber noch grundsätzlichere Bedenken gegen den Effektiven Altruismus: Das obsessive Nachdenken über mehr Effizienz, also dieses ewige Höher, Schneller, Weiter, ist gleichzeitig Kind und Geburtshelfer unserer spätkapitalistischen Leistungsgesellschaft und mit entsprechender Vorsicht zu genießen. Es übt enormen Druck auf den Einzelnen aus, was immer er oder sie tut, und kann den Sinn unseres Handelns zunichtemachen. Wer immer nur ans Gewinnen denkt, verliert die Freude am Spiel. Wer ständig darüber nachdenkt, wie er den anderen am raffiniertesten überzeugen kann, verlernt das Zuhören. Der Gedanke, welcher der anwesenden Partygäste den besten »Kontakt« ergeben würde, kann echte Freundschaften verhindern.

Stets an den Nutzen des Handelns zu denken und sich selbst als Mittel zum Zweck zu betrachten, bedeutet schließlich auch eine Form von Entfremdung von sich selbst und dem, was doch eigentlich Sinn moralischen und politischen Handelns ist: eine Lebensweise und Gesellschaft zu kreieren, in der wir alle hinreichend frei sind und hinreichend authentisch als diejenigen leben können, die wir sein wollen oder die zu sein wir uns berufen fühlen.

Nun sind »Entfremdung« und »Authentizität« gehaltvolle Begriffe, die eigentlich einer längeren Erläuterung bedürften. Beide scheinen ja etwas vorauszusetzen, *von dem* man sich zu entfremden droht. Aber was soll das sein – ein menschliches Idealbild? Das gibt es nicht, jedenfalls nicht eines für alle sieben Milliarden Individuen. Wir leben nicht mehr in den Zeiten eines Aristoteles, der ganz unbekümmert darüber schreiben konnte, welchen Charakter »der« aristokratische Jüngling auszubilden habe. Auch die Zeiten der deutschen Klassik und des Idealismus sind passé, als die Bestimmung und entsprechende Erziehung »des« Menschen noch beschreibbar schienen (sie sind unter anderem deshalb passé, weil man dafür den Blick nicht mehr nur auf aristokratische Jünglinge und wenige männliche Bürger richten müsste), und der Pluralismus der Lebensführung ist unaufhebbar. Der eine wird auf diese Weise glücklich und die andere auf jene, überhaupt haben Menschen ganz unterschiedliche Vorstellungen von Glück und Erfüllung. Man kann kein einfaches Rezept vorgeben und sagen: »Nur, wenn du diese Vorgaben hier beherzigst, erreichst du Authentizität.«

Diese und weitere Einwände sind alle richtig; dennoch stimmt etwas an der Kritik der Entfremdung oder dem Lob der Authentizität. Es gibt für oder in jedem von uns Tätigkeiten, Vorstellungen,

Träume und Bedürfnisse, deren Verwirklichung uns das Gefühl gibt, wir lebten das für uns »richtige« Leben. Diese Dinge seien auch die vielen Mühen und Risiken wert. Und es gibt gesellschaftliche Bedingungen, die ein solches Leben be- oder gar verhindern. Daher haben Philosoph*innen immer wieder versucht, den wichtigen Impuls, der in Begriffen wie »Entfremdung« oder »Authentizität« enthalten ist, zu transformieren und für unseren heutigen post-metaphysischen Kontext zu retten. Ich denke vor allem an Werke von Charles Taylor, Rahel Jaeggi und Hartmut Rosa; trotz aller Diversität haben ihre Bücher zum Thema einen gemeinsamen Nenner. Sie betrachten Menschen nicht als Vereinzelte, sondern in ihrer Beziehungshaftigkeit. Taylor verteidigt den gemeinschaftlichen, gewachsenen Sinn unserer Normen gegen zu starke analytische Kühle,[61] Jaeggi begreift Entfremdung als ein durch gesellschaftliche Störungen verzerrtes Selbstverhältnis,[62] und Rosa sieht Resonanz (ungefähr: das Gegenteil von Entfremdung) dort gelingen, wo Menschen mit ihrer Umwelt, ihren Mitmenschen, ihrem Tun in eine Art lebendiges Schwingen geraten.[63] Es geht also um das Verhältnis eines Individuums zu einer kulturellen Gemeinschaft, zu sich oder zur Welt. Das sind jetzt fast verbrecherisch knappe Zusammenfassungen, aber mir geht es vor allem darum, zu sagen: Authentizität ist bei allen dreien nichts Statisches, kein simpler Zustand, der (wieder) erreicht werden muss, sondern eher ein Zusammenspiel und ein Prozess.

Nun zurück zum Effektiven Altruismus: Diese drei Verhältnisse – zu anderen, zu sich und zur Welt – werden meines Erachtens gestört, wenn man sich selbst als (letztlich beliebiges) Mittel zum Erreichen externer Zustände ansieht. Sowohl Singer als auch Mac-

Farquhar berichten von Menschen, die anscheinend genau Buch führen über tatsächliche und erreichbare Einkünfte, um möglichst viel davon zu spenden. Oft finden sie diese lukrativen Jobs dann eher in Bereichen, die sie selbst eigentlich nicht für sinnvoll halten. Aber sie bilden sich ein, sozusagen auf dem Umweg über ihr gespendetes Gehalt könnten sie das, was sie in ihrem Job an Unsinnigem anrichten, wieder mehr als ausgleichen.

Schon aus der nackten Notwendigkeit, sich über Arbeit zu finanzieren, müssen Menschen ständig Arbeiten annehmen, die nicht gerade ihrem Herzensanliegen entsprechen. Nun aber auch noch im Namen des »Guten« ohne Not ungeliebte, aber gut bezahlte Jobs auf sich zu nehmen und sich selbst als Geldquelle für das Tun anderer zu betrachten, heißt, das neoliberale Denken auch noch auf das anzuwenden, was Hoffnung auf einen nicht instrumentellen Umgang mit uns und anderen machen sollte.

Wir sind nicht nur ein antlitzloses Rädchen im Getriebe, das sich möglichst schnell und reibungslos drehen muss – egal, ob das Getriebe nun Kapitalismus oder Altruismus heißt. Kantianisch gesprochen, ist dies sogar das Gegenteil von Moral, die darin besteht, jeden und jede als Zweck in sich selbst zu achten, als Individuum, dessen Leben nicht den anderen untergeordnet werden darf. Keiner von uns ist austauschbar und sollte bloß »funktionieren« müssen, sondern jeder hat einen eigenen Wert und Platz und Beitrag in einem gemeinsamen Geflecht. Wir müssen herausfinden, wie dieses Geflecht strukturiert sein muss, damit jedes Element das beitragen kann, was es am besten kann und schätzt.

Es finde ohnehin bereits überall in der Gesellschaft »eine Verschiebung von Verantwortlichkeit und Verantwortung statt, eine

Distanzierung und Entfremdung von vielen Dingen, mit denen wir eigentlich unmittelbar zu tun haben«, schreiben die Tierrechtlerinnen Friederike Schmitz und Sandra Franz in einem Blog-Beitrag zum Effektiven Altruismus. »Aus unserer Sicht sind Phänomene wie die gegenwärtige Art der Tierhaltung oder das Ausmaß der globalen Umweltzerstörung nur aufgrund solcher Verantwortungsverschiebungen überhaupt möglich. Aktiv zu werden heißt, wieder Verantwortung zu übernehmen, Entfremdung zu überwinden und Einfluss auf das eigene Umfeld und darüber hinaus zu gewinnen – es bedeutet Befähigung und Ermächtigung von Menschen, und genau das brauchen wir.«[64]

Die eigenen Handlungsmöglichkeiten wiederzuentdecken und wertzuschätzen, darin liegt eben auch ein Gegengift gegen Entfremdung. Darum ist es so traurig, wenn »effektiv altruistische« Menschen, die nur das Beste für die Welt im Sinn haben, ihre eigene Berufs- und Lebensplanung irgendwelchen mathematischen Kalkülen unterwerfen und nicht das Leben zu leben versuchen, das Sinn, Kompetenz und Vergnügen in ein angemessenes Verhältnis bringt. So funktioniert gesellschaftliche Veränderung nicht. Man kann den Aufbau einer gerechteren, humaneren Gesellschaft nicht delegieren und meinen, er finde nur in den begrenzten Zonen von Parteien, NGOs oder karitativen Einrichtungen statt. Wir müssen es an jeder Ecke und auf jeder Ebene probieren, für »die Sache« und damit gleichzeitig für uns.

Hier gehen die Ermächtigung anderer und die Selbst-Ermächtigung Hand in Hand; wenn wir diesem Gedanken folgen, kommen wir bei dem Begriff der »Autonomie« oder »Selbstbestimmung« wieder heraus. Diese Autonomie beschränkt sich nicht auf das Ausüben des Wahlrechts oder die vielen Möglichkeiten des Konsumverhaltens; und sie darf auch nicht, wie es die Mainstream-Philosophie oft tut, mit Autarkie in eins gesetzt werden, also dem Ideal einer vermeintlichen Selbstgenügsamkeit, die Hobbes den Pilzen unterstellte. Demnach wäre jeder getrennt von den anderen und sorgte zunächst einmal für sich selbst; später könnte er oder sie dann mit anderen einen Vertrag eingehen oder ihnen helfen. Tatsächlich aber sind wir Wesen, wie Benhabib sie beschrieb: verletzlich, bedürftig, fähig zu geben, zu umsorgen – verbunden. Und wenn wir uns engagieren, treten wir ein für eine gemeinsame Welt.

An dieser Stelle möchte ich nochmals kurz Revue passieren lassen, was ich als Ethik, Moral oder Gutes-Tun im Laufe dieses Buches beschrieben habe. Unter der Hand hat es sich nämlich, nicht zufällig, ein wenig gewandelt. Ich habe mit Beispielen aus dem Bereich des eher klassischen Helfens begonnen, vor allem des Engagements für Flüchtlinge. Dennoch habe ich immer wieder betont, es gehe dabei nicht nur um Gutes »für andere«, sondern um ein bestimmtes Handeln mit anderen, im Einklang oder zumindest in Abstimmung mit ihnen. Es wäre nämlich ein großes Missverständnis zu meinen, die Moral würde uns den Kampf der Pflicht gegen die Neigung abverlangen und beim Tun des Guten würde man sich gewissermaßen etwas abringen und es anderen als Opfer hinwerfen. Tatsächlich hingegen arbeiten wir, wenn wir uns »gut« oder politisch engagieren, nicht nur an einer besseren Gesellschaft für andere, sondern auch für uns.

Denn die jetzige Form zu leben schädigt ja nicht nur andere, Bedürftigere, »denen wir helfen«, sondern auch die, die in manchen Kontexten als Helfer*innen fungieren. In anderen (oder gar denselben) Situationen müssen auch sie zum Beispiel den Preis dafür zahlen, dass wir in einer extrem leistungsbetonten, hierarchischen Gesellschaft leben, die Mensch, Tier und Natur verdinglicht. In der man existenzielle Angst davor haben muss, chronisch oder schwer krank zu werden, weil die Sicherungssysteme dann nur dürftig tragen; in der man Gefahr läuft, das Selbstwertgefühl zu verlieren, nur weil man einen Job verloren hat; in der man sich Sorgen macht, ob nicht spätestens die eigenen Kinder einen dritten Weltkrieg werden erleben müssen.

Nehmen wir an, unsere Vision ist einfach nur ein verträgliches Miteinander. Ein möglichst gewaltfreies Miteinander von Mensch und Tier, von Menschen verschiedener Herkunft, verschiedenen Glaubens, verschiedener Sexualität, ein Miteinander von Mensch und Erde. Uns allen ist der Weg zur Umsetzung solch lebensfreundlicher Visionen unklar, erschwert oder gar verwehrt. Wir alle finden uns in der Entfaltung von Potenzialen gehindert, die mit ihnen im Einklang stünden. Die Millionen zum Beispiel, die zwei Tage nach Trumps Amtsantritt in Washington, New York und weiteren sechshundert Orten auf die Straße gegangen sind: Taten sie es für andere? Für sich selbst? Für eine gemeinsame, lebenswerte Gesellschaft? Alles trifft zu, und in den Reden all der berühmten und weniger berühmten Aktivist*innen wurde an alles drei appelliert: den Blick auf die Verletzungen anderer zu richten, die eigenen Rechte zu verteidigen sowie die gemeinsamen Rechte einzufordern. Bei den internationalen *Women's Marches* im März 2017 war es ebenso.

Und ist es nicht schön – neben dem Horror und der Angst, weil das eigene Leben und das Überleben vieler Spezies der Willkür einiger superreicher, bewaffneter Autokraten unterworfen ist –, in einer Zeit zu leben, in der so viele Millionen Menschen aufstehen, um sich gemeinsam zu wehren und zu kämpfen, in dem Versprechen, auf sich zu achten und auch auf andere?

Damit will ich nicht behaupten, es würde zwischen all diesen Menschen, ihren Rechten, Ansprüchen und Vorstellungen keine Konflikte geben; die gibt es ständig! Übrigens gibt es auch schon eine Menge Konflikte zwischen den verschiedenen Dingen, die eine einzige Person will. Und auch nach den beiden erwähnten Großdemonstrationen gab es Streit, weil sich Menschen ausgeschlossen fühlten und eine Bewegung dem eigenen Anspruch, alles richtig zu machen, nie genügen kann. Auch da, wo wir das Beste versuchen, wird unser Tun immer verbesserungswürdig bleiben.

Wenn ich sage, dass das eigene Gute und das der anderen nicht kategorisch getrennt sind, weil bereits »wir« und »sie« nicht kategorisch getrennt seien, meine ich also nicht, dass alle Interessen regelrecht zu einem Einzigen verschmelzen. Aber es macht einen Unterschied, ob man Zusammenleben grundlegend antagonistisch versteht als einen Wettbewerb von Einzelindividuen, die ständig gegeneinander kämpfen, oder ob wir uns als Zeitgenossen, Weggefährten, Familienmitglieder ansehen, die miteinander zu leben versuchen. Ebenso wenig bedeuten Gut-Sein oder ethisches Handeln *dasselbe* wie ein glückliches Leben; aber auch diese beiden sind keine Feinde, sie brauchen einander.

Eine letzte Frage, ein impliziter Einwand steht noch unbeantwortet im Raum: Kann das mit dem Guten überhaupt klappen? Selbst wenn wir unser Bild von Menschen und Moral verändern, selbst wenn wir die Furcht vor dem »Gutmenschentum« verlieren, selbst wenn wir aufhören, uns selbst und einander dazwischenzugrätschen, wann immer wir etwas Progressives versuchen – gibt es eine Chance für eine friedlich geteilte Zukunft, obwohl Klimawandel und atomare Verseuchung der Meere doch anscheinend unumkehrbar und eine Menge Atomwaffen in den Händen weniger Machtmenschen und Psychopathen sind?

Karen Duve sagte einmal in einem Interview (wieder zitiere ich aus dem Gedächtnis), es sei unabweislich, dass wir »die Welt gegen die Wand« gefahren hätten; es komme jetzt nur darauf an, ob wir noch mal tüchtig aufs Gas oder auf die Bremse treten. Ich liebe Karen Duves Sprache, ihren schwarzen Humor und ihren Realismus, und ich wage nicht zu behaupten, sie sei ganz bestimmt im Irrtum. Wer könnte das guten Gewissens versichern?

Dennoch versuche jedenfalls ich mich solcher Überlegungen, was noch kommen wird oder kann, im Allgemeinen zu enthalten. Vielleicht liegt das auch an den Biografien und Lebenszeugnissen früherer engagierter Menschen, in denen ich gerne lese. Sie vermitteln mir ein gemischtes Bild vom eigentlichen Sinn unseres zukunftsgerichteten, »idealistischen« Handelns. Viele von ihnen sind von der Hoffnung auf Fortschritt angetrieben; und auch wir Heutigen haben das Bild einer Vorwärts- oder Aufwärtsbewegung verinnerlicht. Demnach weist die Linie der Moral und der politischen Entwicklung, zum Beispiel die der Menschenrechte, trotz gewisser Stockungen und Rückschläge nach vorne beziehungsweise nach oben …

Aber dann werfen wir einen Blick in die Geschichte: Der Kampf gegen die Sklaverei wurde auf dem Papier gewonnen, dennoch sind nicht alle Menschen wirklich frei. Mit größtmöglichem Einsatz haben die Suffragetten für ihre Rechte gekämpft – aber jetzt haben wir Frauen so viele Rechte und sind doch noch jeden Tag von Gewalt bedroht. Auch der Kampf für die Rechte der Tiere brandet schon seit Jahrhunderten gegen die Gewohnheit menschlicher Vorherrschaft an, bekommt manchmal Auftrieb, scheint dann wieder an Boden zu verlieren.

So viele Menschen vor uns haben sich schon vor dem Weltuntergang gefürchtet, und jede Generation glaubte ihre eigenen Beweise dafür zu haben; sie haben gegen Diktatoren gekämpft und einander aus Naturkatastrophen gerettet und versucht, Seuchen zu überleben. Wenn man es so sieht, neigt man zum Verzagen ... Doch man kann auch umgekehrt fragen: Was wäre geworden, wenn sie all dies nicht getan hätten? Dann wären wir Heutigen vielleicht nicht mal hier.

Und was, wenn der Fortschritt nun einmal nicht linear, sondern spiralförmig ist, sodass vieles wiederkommt, ein wenig anders allerdings – jedes Mal als neue Herausforderung, die zu bewältigen ist? Was, wenn jede Generation oder jedes Jahrhundert aufs Neue vor ähnlichen Konflikten und Entscheidungen steht und jedes Mal unter Aufbietung aller möglichen Kräfte die Sache für jedenfalls viele Erdenbewohner noch gut ausgeht – aber die Weltgeschichte dann in die nächste Schleife geht?

Das heißt ja nicht, dass alles Bemühen vergeblich wäre. Schließlich putzen wir uns auch die Zähne, obwohl irgendwann doch Zahnausfall droht, und Kinder werden jeden Tag genährt, behütet und erzogen, obwohl sie eines Tages ausziehen und vielleicht alles wegwerfen werden, was die Eltern ihnen mitgeben wollten, und ganz woandershin gehen ... Wer kann das wissen? Aber manche Dinge müssen nun mal getan werden, Freunde wollen geliebt, Kinder und Tiere versorgt, Bücher geschrieben und Essen gekocht werden; und mit allem, was wir für uns und andere tun, ist etwas in die Welt gekommen, was es wert ist, dass man dafür morgens aufsteht. Nichts davon ist verloren. Jede Freude, die wir jemandem gemacht haben, hat diese Welt bereichert; jeder Trost, den uns jemand gespendet hat, und jedes Eintreten für die Gerechtigkeit hat unsere Verbundenheit gestärkt.

Und reicht dieses Wissen nicht bereits, um das Gute zu versuchen? Doch an manchen Tagen habe ich sogar noch mehr Hoffnung. Da erinnere ich mich an ein Zitat des Sufis Hazrat Inayat Khan, den sein Meister zu Beginn des 20. Jahrhunderts von Indien nach Europa geschickt hatte, um die Lehren des Sufismus hier zu verbreiten und Orient und Okzident zu versöhnen. Seine Familie wurde von den politischen Wirren jener Zeit durch mehrere europäische Länder getrieben und hat das Gute, schließlich auch im Kampf gegen die Nazis, nicht nur gepredigt, sondern selbst unter schwierigsten Bedingungen und mit einem Lächeln gelebt. Von ihm also stammen die Sätze: »Die Welt entwickelt sich von Unvollkommenheit zur Vollkommenheit; sie braucht alle Liebe und Zuneigung; große Zärtlichkeit und Aufmerksamkeit sind verlangt, von jedem von uns.«

Unsere Skepsis bezüglich der Vollkommenheit in allen Ehren – aber Liebe und Zuneigung, Zärtlichkeit und Aufmerksamkeit, davon haben wir eine Menge zu geben! Und vielleicht sollten wir das einfach tun, obwohl die Zukunft nicht rosig aussieht und es ungewiss scheint, ob wir einen Weltfrieden je erleben. Doch seit Jahrmillionen bereits hat sich die Erde an uns verschwendet, Lebewesen hervorgebracht, untergehen gesehen und neue mit demselben Lebenswillen hervorgebracht. Wie wäre es, wenn wir uns nun umgekehrt einmal an die Erde und an das Leben verschwenden? Vielleicht lässt sich die Wand erweichen, der befürchtete Crash wird umgangen und die Weltläufe neigen sich uns erneut liebevoll entgegen.

ANMERKUNGEN

1 Weil nicht jede Form in jedem Satz gleich geschmeidig klingt, verwende ich mal die weibliche, mal die männliche, mal beide Formen und mal das Sternchen, das sämtliche Geschlechter einschließt; sowohl in der Syntax wie im Leben kommt etwas Flexibilität der menschlichen Geschlechtlichkeit am nächsten.

2 »Mittlerweile engagieren sich über sechs Millionen Menschen in der Flüchtlingshilfe: in Nachbarschaftsinitiativen, in Sportvereinen, in der Kirchengemeinde, in der Schule oder am Arbeitsplatz«, heißt es im Forschungsbericht *»Solidarität im Wandel?«* des Berliner Instituts für empirische Integrations- und Migrationsforschung (BIM), Humboldt-Universität zu Berlin, veröffentlicht im März 2017, https://www.bim.hu-berlin.de/media/Forschungsbericht_BIM_Fluchtcluster_23032017.pdf

3 Sehr schön wiedergegeben und kommentiert von René Aguigah: »Aus ihren Zeilen spricht Verachtung. Kritik an den Kritikern von Carolin Emcke«. Deutschlandradio Kultur, 30.10.2016.

4 Patrick Bahners erkannte in dieser Debatte eine Wiederkehr von Heiner Geißlers seinerzeit sehr umstrittener (und innig bereuter) These von 1983, der Pazifismus der Dreißigerjahre habe Auschwitz erst möglich gemacht, in: »Sind die Liberalen schuld? Hat der Multikulturalismus erst den Sieg der Xenophoben hervorgebracht? Ist es elitär, sich für gleiche Rechte einzusetzen? Amerika streitet.« *FAS*, 28.11.2016.

5 Zum Beispiel als Gast bei Markus Lanz in der Sendung vom 12.10. 2016 oder in dem Interview im *Stern* Nr. 42-2016 vom 13.10.2016: »›Die Jägerei ist heute eine Mischung aus Romantik und Tötungswillen!‹ Er will Tiere vor Quälerei schützen und teilt dabei mächtig gegen den Menschen aus: der Philosoph Richard David Precht über sein neues Buch *Tiere denken*«. Siehe auch das Interview mit Jost Maurin in der *taz* vom 10.12.2016: »›Diese Fische sind wie Menschen‹. Theoretisch ist die Sache für Richard David Precht eindeutig: Menschen sollten keine Tiere essen. Doch er will kein Missionar sein.«

6 Ich habe mich für diese Synonymität von Ethik und Moral entschieden, obwohl oder gerade weil es sowohl in der Philosophie als auch in der Alltagssprache jeweils unterschiedliche Definitionen von beidem gibt. Bloß scheint da keine Einigung in Sicht, was was bedeutet. Jürgen Habermas zum Beispiel fasst unter »Moral« universalisierbare Ideale und Ansprüche gegenüber anderen, während sich »Ethik« für ihn eher auf private Fragen der Lebensführung bezieht (wie Sex, religiöse Praxis etc.). Viele Nicht-Philosoph*innen verwenden die Begriffe gerade umgekehrt: »Ethik« umfasst für sie die Gedanken und Argumente zum Verhalten gegenüber anderen, während »Moral« ein eher abstraktes, strenges System ist, das Dinge verbietet, die eigentlich nicht schlimm sind (wiederum: bestimmte Arten von Sex oder das Unterlassen einer religiösen Praxis). Ich habe den Eindruck, dass wir im vorliegenden Kontext nichts davon haben, wenn wir in solche Begriffsdiskussionen einsteigen.

7 Benoît Monin/Pamela J. Sawyer/Matthew J. Marquez: »The rejection of moral rebels: resenting those who do the right thing«. *Journal of Personality and Social Psychology*, 95(1), Juli 2008, S. 76–93.

8 Benoît Monin: »Holier than me? Threatening Social Comparison in the Moral Domain«. *International Review of Social Psychology*, 20, 2007, S. 53–68.

9 Ebd., S. 60.

10 Jonathan Haidt: *The Righteous Mind. Why Good People are Divided by Politics and Religion*. Penguin Press, London 2012, S. 100.

11 Benoît Monin/Pamela J. Sawyer/Matthew J. Marquez: »The rejection

of moral rebels: resenting those who do the right thing«. *Journal of Personality and Social Psychology*, 95(1), Juli 2008, S. 76–93.

12 Julia A. Minson/Benoît Monin: »Do-gooder derogation: Putting down morally-motivated others to defuse implicit moral reproach«. *Social Psychological and Personality Science*, 3 (2), 2012, S. 200–207.

13 Francisca Loetz: *Sexualisierte Gewalt 1500–1850. Plädoyer für eine historische Gewaltforschung*. Campus Verlag, Frankfurt am Main, 2012, S. 112 f.

14 Carol Faulkner: *Lucretia Mott's Heresy. Abolition and Women's Rights in Nineteenth-Century America*. University of Pennsylvania Press, Philadelphia, PA, 2011.

15 Leslie P. Peirce: *The Imperial Harem. Women and Sovereignty in the Ottoman Empire*. Oxford University Press, New York 1993,. S. 201 f.

16 Ebd., S. 198 ff.

17 Dieser Briefwechsel liegt in einer englischen Übersetzung des britischen Orientalisten David Samuel Margoliouth vor: »Abū l-'Alā' al-Ma'arrīs Correspondence on Vegetarianism«, in: *Journal of the Royal Asiatic Society of Great Britain and Ireland*, 34 (2), 1902, S. 289–332.

18 https://www.greenleft.org.au/content/angela-davis-%E2%80%-98-refugee-movement-civil-rights-movement-our-time%E2%80%99

19 »Was geschah wirklich? Ein Wochenende im September 2015: *DIE ZEIT* und *ZEIT ONLINE* haben rekonstruiert, wie Tausende Flüchtlinge ins Land kamen. Und wer die Bedeutung dieser Tage herunterspielt.« Von Georg Blume, Marc Brost, Tina Hildebrandt, Alexej Hock, Sybille Klormann, Angela Köckritz, Matthias Krupa, Mariam Lau, Gero von Randow, Merlind Theile, Michael Thumann und Heinrich Wefing. *DIE ZEIT* Nr. 35/2016, 22. August 2016.

20 Ein wichtiges Gegengewicht dazu schafft Christian Jakob: *Die Bleibenden. Wie Flüchtlinge Deutschland seit 20 Jahren verändern*. Ch. Links Verlag, Berlin 2016. Empfehlenswert auch Marc Engelhardt (Hrsg.): *Die Flüchtlingsrevolution. Wie die neue Völkerwanderung die ganze Welt verändert*. Pantheon Verlag, München 2016.

21 Branko Milanovic: *Die ungleiche Welt. Migration, das Eine Prozent und die Zukunft der Mittelschicht.* Aus dem Englischen von Stephan Gebauer. Suhrkamp Verlag, Berlin 2016, S. 140.
22 Ebd., S. 242.
23 Stephan Lessenich: *Neben uns die Sintflut. Die Externalisierungsgesellschaft und ihr Preis.* Hanser Berlin, Berlin 2016, S. 25.
24 Ebd., S. 81.
25 Dpa-Meldung vom 14.8.2015.
26 Max-Planck-Gesellschaft für Chemie in Mainz: »Mehr Tote durch Luftverschmutzung. Bis 2050 könnten 6,6 Millionen Menschen an der Belastung der Luft mit Schadstoffen sterben.« Meldung vom 16. September 2015.
27 Tim Jackson: »Wir Unersättlichen. Der Kapitalismus lebt davon, immer mehr Konsumgüter zu produzieren. Das ist Raubbau an der Natur. Es gibt auch Wohlstand ohne Wachstum.« *DIE ZEIT* Nr. 44/2011.
28 Gaia Vince: *Am achten Tag. Eine Reise in das Zeitalter des Menschen.* Aus dem Englischen von Monika Niehaus u. a., Konrad Theiss Verlag, Darmstadt 2016.
29 Edward. O. Wilson: *Die Hälfte der Erde. Ein Planet kämpft um sein Leben.* Aus dem Englischen von Elsbeth Ranke. Verlag C. H. Beck, München 2013.
30 Edward O. Wilson: *Biophilia. The Human Bond with Other Species.* Harvard University Press, Cambridge, MA, 1984.
31 Emily S. Cassidy/Paul C. West/James S. Gerber/Jonathan A. Foley: »Redefining agricultural yields: from tonnes to people nourished per hectare«. *Environmental Research Letters*, 8 (3), August 2013.
32 Das Kriterium der »Empfindungsfähigkeit« (Englisch: »*sentience*«) stellt derzeit in der philosophischen Tierethik den breiten Konsens dar; von »Erlebensfähigkeit« spricht der Berliner Philosoph Bernd Ladwig; und mit »Eigen-Willigkeit« möchte ich auf den Willen und Selbstzweck von nicht-menschlichen Tieren anspielen, den vor allem die Neokantianerin Christine Korsgaard betont.
33 Larissa MacFarquhar: *Strangers Drowning. Grappling with Impossible*

Idealism, Drastic Choices, and the Overpowering Urge to Help. Penguin Press, New York 2015, S. 108.
34 Ebd., S. 113.
35 Immanuel Kant: Akademie-Textausgabe, Bd. 4: *Grundlegung zur Metaphysik der Sitten,* De Gruyter, Berlin 1978, S. 398 f.
36 Uwe Justus Wenzel: »Grazile Vernunft. Schiller und Kant über Neigung und Pflicht«. *Neue Zürcher Zeitung,* 7.5.2005.
37 Zitiert nach Seyla Benhabib: »Der verallgemeinerte und der konkrete Andere. Ansätze zu einer feministischen Moraltheorie«, in: Elisabeth List/Herlinde Studer (Hrsg.): *Denkverhältnisse. Feminismus und Kritik.* Suhrkamp Verlag, Frankfurt am Main 1989, S. 454–487, Zitat auf S. 464.
38 Ebd.
39 Einen »neuen Trend zum Mitgefühl« beobachtet auch Susanne Billig, in einem Gespräch mit Frank Meyer, Zitat auf Deutschlandradio Kultur, 24.8.2016.
40 Siehe Fritz Breithaupt: *Die dunklen Seiten der Empathie.* Suhrkamp Verlag, Berlin 2017.
41 Jeremy Rifkin: *Die empathische Zivilisation. Wege zu einem globalen Bewusstsein.* Aus dem Englischen von Ulrike Bischoff/Waltraud Götting/Xenia Osthelder. Campus Verlag, Frankfurt am Main 2010.
42 Dabei legt Singer zumeist Wert darauf, ein tätiges, geschultes Mitgefühl wie zum Beispiel in buddhistisch inspirierten Meditationstechniken von der rein passiv mitschwingenden Empathie zu unterscheiden; bei der letzteren können Helfer*innen leicht überfordert und von schwierigen Gefühlen überrollt werden. Ein von ihr mitherausgegebenes E-Book zum Erlernen von Mitgefühl lässt sich hier herunterladen: http://www.compassion-training.org
43 Frans de Waal: *Das Prinzip Empathie. Was wir von der Natur für eine bessere Gesellschaft lernen können.* Aus dem Englischen von Hainer Kober. Hanser Verlag, München 2011.
44 Siehe dafür zum Beispiel die Beiträge in John M. Doris & the Moral Psychology Research Group (Hrsg): *The Moral Psychology Handbook.* Oxford University Press, Oxford 2010.

45 Gregory Hickok: *Warum wir verstehen, was andere fühlen. Der Mythos der Spiegelneuronen*. Aus dem Englischen von Elsbeth Ranke. Hanser Verlag, München 2015.
46 Daniel J. Siegel: *Mind. A Journey to the Heart of Being Human*. W. W. Norton & Company, New York/London 2017.
47 Jonathan Haidt: *The Righteous Mind. Why Good People are Divided by Politics and Religion*. Penguin Press, London 2012, S. 256 ff.
48 George Monbiot: »Neoliberalism is creating loneliness. That's what's wrenching society apart.« *The Guardian*, 12.10.2016 (Übersetzung: Hilal Sezgin).
49 Max Horkheimer: »Materialismus und Moral« (1933) in: Ders.: *Gesammelte Schriften*, Bd. 3: *Schriften 1931–1936*. Hrsg. v. Alfred Schmidt. Fischer Taschenbuch Verlag, Frankfurt am Main 1988, S. 111–149, Zitat auf S. 143.
50 Die Verständnisschwierigkeit könnte natürlich genau daher rühren, dass ich Ethik und Moral in einem weiteren Sinne der wohlwollenden Kooperation verwende, während Horkheimer mit seiner Kritik möglicherweise das strenge System von Imperativen ins Visier nahm, das ich in Kapitel 4 kritisierte. Dann würde Horkheimer mit dem, was er an anderer Stelle über Solidarität, Mitleid, Güte und Liebe sagte, ungefähr dasselbe meinen wie ich mit »Moral als Verbundenheit« – und das würde mich ungeheuer freuen.
51 Ebd., S. 134.
52 Ebd., S. 136.
53 Theodore Zeldin: *Gut leben. Ein Kompass der Lebenskunst*. Aus dem Englischen von Claus Sprick. Hoffmann und Campe, Hamburg 2016, S. 134.
54 Ebd., S. 378.
55 Ebd., S. 157.
56 Ebd., S. 112.
57 Ebd., S. 445.
58 Siehe z. B. Steve Taylor: »Out of the Darkness. Happiness Comes from Giving, Not Buying and Having. Materialism Doesn't Lead to Well-Being, but Altruism Does«. *Psychology Today*, Jan. 09, 2015, oder Eli-

zabeth W. Dunn/Daniel T. Gilbert/Timothy D. Wilson: »If Money Doesn't Make You Happy Then You Probably Aren't Spending It Right«, 2011, https://scholar.harvard.edu/files/danielgilbert/files/if-money-doesnt-make-you-happy.nov-12-20101.pdf

59 Ebd.
60 Peter Singer: *Effektiver Altruismus. Eine Anleitung zum ethischen Leben.* Aus dem Englischen von Jan-Erik Strasser. Suhrkamp Verlag, Berlin 2016, S. 21 ff.
61 Charles Taylor: *Quellen des Selbst. Die Entstehung der neuzeitlichen Identität.* Aus dem Englischen von Joachim Schulte. Suhrkamp Taschenbuch Wissenschaft, Frankfurt am Main 1996.
62 Rahel Jaeggi: *Entfremdung. Zur Aktualität eines sozialphilosophischen Problems.* Campus Verlag, Frankfurt am Main 2005.
63 Hartmut Rosa: *Resonanz. Eine Soziologie der Weltbeziehung.* Suhrkamp Verlag, Berlin 2016.
64 Friederike Schmitz mit Sandra Franz: »Gesellschaftlichen Wandel kann man nicht kaufen. Spenden statt politisch aktiv werden? Eine Kritik an einer These des Effektiven Altruismus«. 31. Oktober 2015. https://friederikeschmitz.de/gesellschaftlichen-wandel-kann-man-nicht-kaufen/